JN080921

笹倉千佳弘
井上寿美
齋藤尚志
著

はじめて保育・教育を
学ぶ人のために

〈わかちあい〉
の共育学

子どもと共に未来図を描こう

明石書店

はじめに

　本書『〈わかちあい〉の共育学【応用編】——子どもと共に未来図を描こう』は、『〈わかちあい〉の共育学【基礎編】——教職課程コアカリキュラムに基づく教員養成テキスト』の続編である。基礎編では、各章の前半で、文部科学省によって教職課程の学生が在学中に習得すべきとされる内容をコンパクトにまとめ、後半で、その内容にたいする批判的な検討をおこなった。しかし紙幅の関係で、十分に展開できたとはいいがたい。そこで本書では、基礎編で書ききれなかったテーマもとりあげ、事例も交えながら議論している。

　教職課程コアカリキュラムが是とする人間観や保育・教育観と、私たちが是とするそれらとは大きく異なっている。その違いを端的に表現すれば、〈わかちあい〉という言葉になる。人はひとりでは生きていくことができない。この、当たり前の事実を前にすると、人間本来の姿が〈わかちあい〉にあることに気がつく。たとえ何らかの事情があって無人島にひとりでとり残され、衣食住のすべてを自分だけで賄うことになったとしても、ひとりで生きていることにはならない。ひとりで過ごしながら、これからの暮らしについてあれこれ思いをめぐらす。その時、無人島に来るまでに出会った「ひと・もの・こと」に思いを馳せる。思いはそれ自体で成立することはない。人は「ひと・もの・こと」を〈わかちあい〉、「ひと・もの・こと」と共にある。

　人間本来の姿は〈わかちあい〉にある。それゆえ教育は共育、すなわち共に育つ以外の営みを想定することができない。『〈わかちあい〉の共育学』としたゆえんである。

　本書の構成について述べる。本書は大きく３つのパートに分かれている。パートⅠを例にして説明する。パートⅠのタイトルは「保育・教育の場における営み」で、「育つ」「学ぶ」「働く」をキーワードとする第

1章から第3章と、それらを読み解くためのいくつかの視点を紹介する第4章で構成されている。第1章から第3章は、それぞれ、前半に事例が配置され、後半ではその事例をふり返りながら、各章で提示されている問いを切り口にして検討を加えるという形式をとっている。

パートⅠにつづくパートⅡ「育ちゆく子どもへのかかわり」（第5章から第8章）では「理解」「配慮」「支援」をキーワードとし、パートⅢ「子どもの育ちと社会」（第9章から第12章）では「自立」「責任」「保障」をキーワードとし、パートⅠと同様の構成になっている。

最後に、サブタイトル「子どもと共に未来図を描こう」にふれておく。未来図を描くことは、どのような社会を望むのかという議論をともなう。基礎編で明らかになったように、教職課程コアカリキュラムでは、「何ができるようになるか」によって個人が評価され序列化される。そのような社会では、人々は互いに引き離され、他者は自分が生き残るための競争相手とみなされるようになる。それに抗おうとすれば、教職課程コアカリキュラムと異なる未来図を描かざるをえない。未来図を描くには、共に育つ者どうしとして子どもとおとなが協力する必要がある。どのような人間観や保育・教育観を土台に置くのかという検討から始まり、議論は尽きないであろう。だからこそ本書では、具体的な未来図を描くことはせず、そのための視点の提示にとどめている。子どもと共に未来図を描こうとするその時、本書が何らかの手がかりになるとすれば、これほどうれしいことはない。

なお本書では、事例に登場する人名はすべて仮の名であり、新幹線の名称を便宜的に拝借している。また、可能な限り「男性」「女性」という性別にとらわれることのないよう、ジェンダー・ニュートラルな表現として「かれ」「かれら」を使用している。

2020年12月　執筆者一同

もくじ

保育・教育の場における営み

I

| 第 1 章 | 「育つ」ってどういうこと？ |

考えてみよう！

5歳児クラスのリレーが運動会のフィナーレを飾る園があります。もしあなたが5歳児クラスの担任であれば、リレーの練習をどのようにすすめていきますか？

勝ち負けのないリレー

9月に入り、保育園では運動会の準備時期を迎えた。子どもに「おうちの人にどんなところをみてもらいたい？」と尋ねると、「リレー」という答えが返ってきた。おそらく昨年の運動会で5歳児がリレーをしていたことを思いだしたのであろう。さっそくリレーの練習をすることになった。「チーム分けどうする？」と尋ねると、何のこだわりもなく

「グッパーでもいいよ」という。グッパーで２チームに分かれたあと、「順番はどうする？」と尋ねると、「別にどこでもいいよ」というので、適当に並んで走ることになった。自分の順番がくると一生懸命走るけれど、同じチームの子が走っていても知らん顔で、走り終わればすぐさま砂遊び。勝敗はついたが、勝ったチームの子も負けたチームの子も「楽しかった」とニコニコ顔であった。

　以前から、しっぽとりなどの集団遊びをしても勝ち負けにこだわらない、のんびりしたクラスだった。リレーだからとあえて勝ち負けを意識して競わせるのもどうかと思い、「みんなはリレーのなにが一番楽しいの？」と尋ねると、「走るのが楽しい！」という。クラスのみんながうなずくので、「走るだけでいいならリレーじゃなくてかけっこでもいいのかな？」とつっこんでみた。すると、「バトン渡すのも楽しい！」という意見が出て、またみんながうなずくので、「走ってバトンを渡せるなら、全員同じチームでも楽しいかな？」といじわるな質問をしてみた。すると一斉に「うん、楽しい！」という答えが返ってきた。

　そこで、「いままで全員同じチームでリレーしたことはなかったけれど、今日はそのやり方でやってみる？」と提案すると、「それでいいよ」という返事。そこで全員が１つのチームでリレーをすることになった。順番は「先生が決めて」というので、列に並びに来た子から順に走ることにした。全員が同じチームで走るだけのリレーは、まったく盛りあがらなかった。

　みんなが走り終えたあと、「全員同じチームのリレー、どうだった？」と尋ねると、「楽しかった」と何人かが答える中で、首をかしげている子がいる。その子に「どうしたの？」と尋ねると、「……なんか違う」とつぶやく。それを聞いた子が「チームに分かれた方がよかったってこと？」と問いかけると、その子が小さくうなずいた。このやりとりを受けて「チームに分かれて走った方が楽しかったというお友だちもいるけれど、ほかにもいる？」と尋ねてみたが、どうだったかなぁという

感じで積極的に賛同する意見はなく、あとにつづく意見も出なかった。「チームに分かれた方が楽しかったというお友だちもいるので、次はチームに分けて走る？」と問いかけると、「それでもいいよ」とどこか他人事のような返事であった。その日は、「これからいろいろなリレーをやってみて、みんなが『やってみたい！』と思うリレーをみつけようね」といって話しあいを終えた。

　週明けの月曜日、「お休みの前に、チームを２つに分けて走ってみるってことになっていたけれど、それでいいかな？」と確認すると、「うん、いいよ！」という返事。「チーム分けはどうする？」と問いかけたその時、「先生、何回も走りたい！」「うん、バトン渡したら、また列のうしろに並んで走りたい！」という提案があった。この提案に驚きながら、「ずっとグルグル走りつづけるの？」と確認すると、「うん！」。「じゃあ今日はそれをやってみる？」というと、子どもからは「やったぁ～！」と拍手とともに大きな歓声があがった。

　「よ～い、どん！」でスタートすると、これまでとは違い自分のチームを応援する子が出始めた。走り終えた子は、また自分の列の最後尾に並ぶ。１周、２周とリレーはつづいていった。相手チームの子と競いあって走っている姿や、自分のチームが相手チームを抜かすと喜ぶなど競争を楽しんでいる姿も少しみられるようになった。しかし、ほとんどの子どもは、だれかと競いあうよりも、ただ思いっきり走るのが楽しいようで、３周め、４周めを終えても大急ぎで列の最後尾に並んでいた。

　何周めなのか数えきれないくらいリレーをくり返した時、ひとりの子が「先生、のどかわいた～」と訴えてきた。その訴えを聞いて、「もう終わりたい」「これ、いつまでやるの？」という子も出てきたので、「そうだね、『エンドレス・リレー』は終わりが決まっていないから、みんなに『もう終わろう』っていってみる？」と返答した。子どもから「ねぇ、もう終わろうよ」「お茶のみたいし」と呼びかけが起こり、疲れ始めていた子どもたちはその言葉に救われたように日陰に移動し、お茶

を飲み始めてエンドレス・リレーはエンドを迎えた。

　「今日の『エンドレス・リレー』はどうだった？」と尋ねると、ほとんどの子が「楽しかった」。「前に走った1回だけのリレーとどっちがよかった？」と尋ねると、「今日のがいい！」「いっぱい走れるから！」と満足げな様子。「じゃあ、運動会でもこのリレーをみてもらう？」と尋ねてみると、「うん、これがいい」という子もいる中で、浮かない表情をしている子もいて、「暑かったらずっと走るのはいや」「いつ終わるかわからないのはいや」「しんどくなったら本気で走れなくなる」という意見も出た。それを聞くと、エンドレス・リレーに賛成していた子どもたちも、そういわれてみれば確かにそうだなぁという表情をしている。考えこむ子もいるが、もう走り疲れていまはなにも考えられないというような顔をしている子もたくさんいたので、「次はどんなリレーをするか、また明日考えよう！」ということになった。

※ この事例は多田保育所（兵庫県川西市）のクラスだよりをもとにして当該保育所の了解を得て執筆したものである。

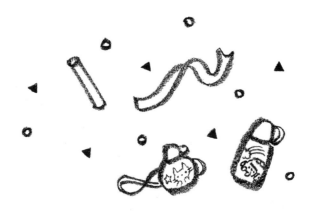

さらに考えてみよう!

担任の先生は、最初からリレーのやり方について説明せずに、どのようなリレーをしたいのかを子どもに尋ねました。先生はリレーの経験をとおして、子どもがどのように育つことを願っていたと思いますか?

自分自身を創りだしていくこと

　就学前の子どもが通う保育・教育施設[1]には、保育所、幼稚園、認定こども園など[2]がある。保育所は、保育を必要とする0歳から小学校就学前までの子どもが通う、厚生労働省が所管する児童福祉施設である。就労や親族の介護・看護をしている、あるいは疾病や障害の状態にある保護者などに代わって、保育士が乳幼児の保育をおこなう。幼稚園は、満3歳から小学校就学前までの子どもが通う、文部科学省が所管する学校教育施設である。「義務教育及びその後の教育の基礎を培う」こ

とを目的として、幼稚園教諭が幼児期の教育をおこなう。認定こども園は、０歳から小学校就学前までの子どもが通う、内閣府が所管する施設[3] である。保育所と幼稚園の機能や特徴をあわせもっており、地域における子育ての支援もおこなう。保育士資格と幼稚園教諭免許の両方をもった保育教諭が保育・教育にあたる。

　就学前の保育・教育施設については、一般的にこのような説明がおこなわれるため、幼稚園や認定こども園でなければ教育を受けることができないという誤解が生じやすい。しかし保育という言葉は、日本で最初の幼稚園である東京女子師範学校附属幼稚園の規則において使用されたものであり、学校教育法第22条においても、幼稚園は「幼児を保育し」と記されている。学校教育法の草案づくりにかかわった坂元彦太郎は、「幼児期の教育は，成人からの保護すなわち世話と、子どもたち自身の中にあるものの育成という両面の調和がとくに必要である」（坂元1964 p.8）ため、「保護育成」「保護教育」の略として保育という言葉を用いたという。保育には教育も含まれているといえる。

　最近では、保育所や幼稚園などに通うことなく小学校へ入学する子どもは非常に少なくなった[4]。したがってほとんどの人が、保育所や幼稚園時代に運動会でリレーやかけっこを経験してきたに違いない。バトンを渡す練習、先生が決めたチームや順番で走る練習、友だちを応援する練習などが思いだされるであろう。なかには自分たちで作戦会議を開き、走る順番を決めた人がいるかもしれない。

　このようにリレー練習の思い出はさまざまであろう。しかしリレーについて、次の２点は先生から当たり前に提示されていたのではないか。１点は、同じチームの子どもどうしでバトンを渡して、つないで走ることである。２点は、他チームと速さを競いあうことである。そうであるとすれば、どのようなリレーをおこないたいのかと、リレーの形から子どもと相談しているこのクラスのリレー練習は、ずいぶん異なってみえるであろう。

　事例の担任は、チームに分かれたり競争したりすることを前提としてリレーをすすめるのではなく、「走りたい」「バトンを渡したい」という子どもの思いから出発した。そのため、どのようなリレーをおこなうのかについて、子どもどうしで思いをだしあい、試行錯誤をくり返している。運動会やリレーに、子どもが主体的・意欲的にかかわることを大切にした援助 (5) である。保育は、子どもの興味や関心に沿って環境 (6) をとおしておこなわれるものであり、子どもの主体的な活動である遊びを重視している。このクラスのリレー練習は、多くの人が幼児期に経験したことと異なっていたかもしれない。しかしこのような援助こそが、保育という言葉にこめられた「成人からの保護すなわち世話と、子どもたち自身の中にあるものの育成という両面の調和」がめざされた姿であるといえる。

　個人差はあるものの5歳児にもなれば、子どもは、みずからの興味や関心のあることにかなり長く集中できるようになる。疲れるまで走りつづけたエンドレス・リレーはその証左であろう。また、みずからの興味や関心のあることには、みんなでより楽しく遊べる方法を工夫し始める。もちろんその過程で、よい方法がみつからなくて挫折したり、友だちの間でいざこざが起こったりもする。

　教育学者の大田堯は、人が生きるということは、「常に自らと異なったひと、こと、ものとの接触の中で、異物を受け入れたり、反対に拒否したり、記憶のなかに蓄えたりする」(大田 2013　pp.309-310) 営みによって、自分を変えながらも、自分を持続していくことであるという。「人は内面から満ちてくる根源的内発性、つまり、衝動・情感、そこから分岐する選択知によって、他者やあらゆる自然、自分とのかかわりの中で、自分自身を創り出していく」(同上　p.309) ともいう。

　大田の考えに基づけば、子どもが育つとは、「常に自らと異なったひと、こと、ものとの接触の中で、異物を受け入れたり、反対に拒否したり、記憶のなかに蓄えたりする」(同上　pp.309-310) 営みによって、「自

分自身を創り出していく」（同上　p.309）ことであるといえる。おそらく事例の担任も、子どもが育つということを同様にとらえていたに違いない。

　保育において、遊びは遊びそのものとして子どもにとって重要であると考えられてきた。ところが2017（平成29）年に改訂された幼稚園教育要領や幼保連携型認定こども園教育・保育要領において、「遊びは、心身の調和のとれた発達の基礎を培う重要な学習であることを考慮して、遊びを通しての指導」をおこなうと記された。遊びを学習であると考え、そのうえで遊びをとおした指導をおこなうというのである。遊びをとおしてなにかを学習することがあったとしても、あくまでも遊びは遊びであり、遊びと学習は同じものではない。遊びと学習が同一視された記述が象徴しているように、いま就学前の保育・教育は、「成人からの保護すなわち世話と、子どもたち自身の中にあるものの育成という両面の調和」とは異なる方向へ進もうとしているのではないかと懸念される。

　2017年に保育所保育指針、幼稚園教育要領、幼保連携型認定こども園教育・保育要領が改訂された際、これらの指針と要領において教育内容の共通性を確保することがめざされた。就学前の子どもは、どの種別の施設を利用しても、質の高い幼児教育を受けられるようにすることがそのねらいであった。そこで登場したのが「幼児期の終わりまでに育ってほしい姿」の10項目 (7)（以下「10の姿」）である。10の姿の内容についても議論したいところであるが、紙幅の関係上、ここでは5歳児修了時点の子どもにたいして、国が、このような姿になってほしいと子ども像を示したことの問題のみを指摘しておく。

　国によって提示された子ども像が押しつけられることにより、一人ひとりの子どもが自分らしくあることが認められなくなるのではないか。子どもが育つとは、国から示された理想の子ども像に到達するために必要とされる力を身につけることではない。それは、「子どもたち自身の中にあるもの」が尊重され、さまざまな出会いをとおして、子どもが自

分自身を創りだしていくことであると確認したい。

《注記》

(1) 2019（令和元）年度、保育所は 30,030 園、在籍児童数 2,140,998 人である。幼稚園は 10,070 園、在籍児童数 1,145,576 人である。幼保連携型認定こども園は 5,207 園、在籍児童数 692,140 人である。保育所と幼保連携型認定こども園は増加しているが、幼稚園は 1985（昭和 60）年度をピークに減少がつづいている（文部科学省 2020）。

(2) 子ども・子育て支援新制度によって、0 歳から 2 歳までの子どもを対象とした地域型保育として小規模保育（6 〜 19 人の子どもを家庭に近い状況で保育）や、事業所内保育（従業員の子どもと地域の子どもをいっしょに保育）を実施している施設も制度の中に位置づけられることになった。

(3) 認定こども園には、幼保連携型、幼稚園型、保育所型、地方裁量型の 4 類型がある。幼保連携型の認定こども園は、学校教育施設および児童福祉施設ということになる。

(4) 2018（平成 30）年度の 5 歳人口は約 101.7 万人である。そのうちの 40.7%（41.4万人）が保育所、43.2%（43.9 万人）が幼稚園、14.4%（14.7 万人）が認定こども園に通っている。推計未就園児は 1.7%（1.7 万人）である。

(5) 保育所保育指針の保育の方法には、「子ども相互の関係づくりや互いに尊重する心を大切にし、集団における活動を効果あるものにするよう援助すること」であると記されている。

(6) 保育所保育指針には、「保育の環境には、保育士等や子どもなどの人的環境、施設や遊具などの物的環境、更には自然や社会の事象などがある」と記されている。

(7) 10 項目とは、「健康な心と体」「自立心」「協同性」「道徳性・規範意識の芽生え」「社会生活との関わり」「思考力の芽生え」「自然との関わり・生命尊重」「数量や図形、標識や文字などへの関心・感覚」「言葉による伝え合い」「豊かな感性と表現」である。

《引用・参考文献》

大田堯（2013）『大田堯自選集成 1　生きることは学ぶこと──教育はアート』藤原書店

坂元彦太郎（1964）『幼児教育の構造』フレーベル館

文部科学省（2020）「幼児教育の現状」（令和 2 年 2 月 17 日幼児教育の実践の質向上に関する検討会（第 8 回）〈参考資料 6〉）　https://www.mext.go.jp/content/20200305 mxt youji-000005395 08.pdf（2020 年 11 月 21 日）

第2章　「学ぶ」ってどういうこと？

考えてみよう！

学校教育活動には、授業以外に運動会や修学旅行などがあります。あなたはこのような活動をとおしてどのようなことを学んできましたか？

人間性の育成としての無言清掃

　以前、勤めていた小学校では、学力を育成するためにさまざまな手立てを講じていた。算数にたいする苦手意識から学習に自信を失ってしまった子どもや、かなりむずかしい応用問題が解けるのに単純な計算ミスで失点してしまう子どもがいた。そこで算数の授業で 100 マス計算[(1)]にとりくんだ。また、すべての教科の土台は日本語力であると聞き、朝

の会に10分間読書を組みこんだ。事前に読みたい本を自由に決めておき、7分かけて読み、残りの3分で読書ノートに最低1行はなにか書くように指導した。100マス計算のプリントや読書ノートを提出させた時は、花まるで済ませるのではなく、ひと言でもよいから言葉を添えるようにした。

　100マス計算はスポーツにおけるトレーニングのようなものだと考えていた。そこで子どもが勉強をする時の励みになるようにと、月の最後の帰りの会で、100マス計算の合計得点上位5人に手づくりの表彰状を渡すようにした。しかし表彰状を渡すようになってから、学級の雰囲気はぎすぎすしたものに変わってきた。点数をめぐる競争が、子どもどうしの関係をむしばんでいたのかもしれない。

　点数をあげるためのとりくみに悩んでいた頃、研究指定校の報告会に参加する機会を得た。その日のプログラムは午前と午後に分かれており、午前は「わかる授業をとおした学力の育成」というテーマでの報告であった。午後は、昼休みのあとにおこなわれる子どもの掃除の様子を見学したあと、この学校の特色である無言清掃のとりくみに関する報告であった。

　昼休みの時間が終わると、校内放送で静かなクラシック音楽が流れ始めた。これが無言清掃の始まりの合図である。掃除中はこの音楽がBGMとして流れつづけた。

　体操服に着替えた子どもは、班ごとに分かれて廊下に並び、手順を簡単に確認し、さっそく掃除にとりかかった。教室の掃除では、ほうきでゴミを除いたあと、雑巾がけをしていた。固く絞った雑巾を両手でしっかりと床に押しつけ、端から端まで一気に拭いていく。規則正しくリズミカルで、動きに無駄がない。その様子は、「全力で」「一心不乱に」という表現を体現するものであった。膝をついて教室の隅々まで丹念に汚れをぬぐっている姿は、大切なものを磨きあげているような感じであった。15分間の清掃時間が終わると、再度、班ごとに集まり、短時間の

ふり返りをおこなって終了となる。清掃の始まりから終わりまで、子ども
や教員から言葉が発せられることはなかった。

　本当に驚いた。無言清掃という言葉は知っていたが、実際にみたのは
はじめてだったからである。

　無言清掃の報告で教頭先生がもっとも強調されたのは、「人間性の育
成」であった。数年前までは子どもの荒れが深刻で、一部では学級崩壊
の状態にいたることもあったという。しかし無言清掃にとりくむように
なってから、ずいぶん落ち着いてきたらしい。無言清掃を始めた頃は、
どうしても教員が言葉をかけてしまうこともあったが、それではいけな
いと考え、教員が率先して無言で掃除をするように心がけ、いまのよう
な形に落ち着いたという。

　「うちの子どもたちはしっかりしています。地域の評判もいいです」
という教頭先生の言葉から、実践に裏打ちされた自信と誇りを感じた。
実際、その日の朝、校門を入って受付に行くまでの間に、何人もの子ど
もから挨拶があった。明るく素直で落ち着いており、勤務校とは雰囲気
が大きく異なっていた。無言清掃をとおして子どもは、大切なことを
たくさん学んでいるに違いない。

　その翌年、偶然にも無言清掃の見学をした小学校へ転勤することに
なった。4年生の担任として、100マス計算や朝の10分間読書を引き
つづき実践した。手づくりの表彰状を渡すようなことをしなくても子ど
もはみずから黙々と学習し、満足できる成果をあげることができた。そ
こで今度は人間性の育成を目標にして無言清掃に力を入れた。といって
も実際には、1年生から無言清掃にとりくんでいる子どもの方が経験豊
富であり、トイレや下駄箱の掃除の仕方などはかれらから教えてもらう
ことがしばしばであった。

　終業式の前日、1年間にわたる自分の実践をふり返るため、子どもに
無記名アンケートを実施した。その結果からは、学習に関することだけ
でなく、友だちや家族に関しても深刻に悩んでいる様子はほとんど見受

けられなかった。概して前向きであり、高学年になることへの期待が感じられた。人間性の育成という目標は達成できたかにみえたが、自由記述欄のいくつかの内容が気になった。たとえばそれは、次のようなものであった。

・掃除の時間はだれともしゃべらなくていいので、気をつかって友だちの話にあわせなくても済むからほっとします。
・みんなに見張られているようでうっかり声を出すこともできません。びくびくしています。

　人間性の育成に効果があるとされる無言清掃にとりくんでも、友だちとの関係に神経をすり減らしている子どもの存在が明らかになった。その数は少ないのだから、あまり気にしなくてよいのかもしれない。なぜならすべての子どもにとって、学級を心地よい居場所にするのはきわめて困難であるからだ。理想を追求するだけでなく、時には折りあいをつけることも必要である。

　このように自分を納得させたいのだが、同時に、少数の子どもを切り捨てるような考え方に与（くみ）することはしたくないとも思う。無言清掃が万能でないことがわかった以上、さらに別の手立てが必要であることは間違いない。それは一体、どのようなものなのであろうか。いくら考えてもいまの自分には見当もつかない。

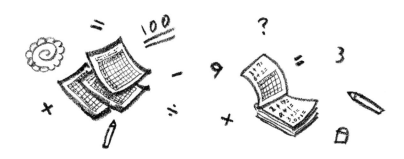

さらに考えてみよう!

事例の教員は、新しく赴任した学校では学力の育成に満足でき
たので、次におこなうのは人間性の育成であると思いました。
この教員はなぜそのような考えにいたったと思いますか?

みずからの世界が拡がること

　子どもも教員も一切、話をしないで文字どおり黙々と掃除をする。事
例で述べられているこのようなとりくみは、近年、多くの学校でみられ
るようになってきた。それらは「無言清掃」「洗心無言清掃」「無言膝付
き清掃」「自問清掃」「もくもく掃除」「黙働流汗清掃」などと呼び方は
さまざまであるが、その意義とされるものはほとんど同じである。たと
えば、「良い環境には、良い人間が育つ」「清掃を通し、気づく力、感謝
する心を身につける」「清掃をしながら、環境を良くして、心を洗い、
磨く」[2] というようなものである。以下では無言清掃を子どもの側から

とらえ直してみたい。

　騒がしい学級の雰囲気になじめない子どもには、無言清掃は静寂の時間と心の落ち着きを与えるかもしれない。しかし大半の子どもにとって、友だちといっしょにおこなう清掃中に無言であることは不自然であり、強制以外のなにものでもないであろう。このように主張すれば、無言清掃推進派の人たちからは、子どもは自発的にとりくんでいるのであり、強制ではないという反論があるかもしれない。しかしその実態は、子どもが知らぬ間に他者に服従している「自発的服従」⁽³⁾の状態に陥っていると理解する方が妥当である。

　清掃中に子どもどうしでふざけあった経験のある人はたくさんいるであろう。そのような時、担任教員がその場にいたとしても、多少の逸脱ならとがめられることはない。なぜなら清掃の時間は、授業の時間とは質的に異なっており、それゆえ子どもや教員にとって授業中には気づくことのできない、お互いの新しい一面を知るきっかけにもなりえるからである。清掃の時間まで画一的な管理をする必要はない。

　事例の教員は、前任校で、学力を育成するため100マス計算や朝の会の10分間読書にとりくんでいた。ところが、学習の励みになることを期待して成績優良者に手づくりの表彰状を渡すようにしたことから、学級の雰囲気がぎすぎすしたものに変わってしまった。現任校では、引きつづき100マス計算や朝の会の10分間読書にとりくみつつも、人間性の育成に主眼を置き、この学校の伝統となっている無言清掃に力を入れた。

　しかし1学期が終わる頃、子どもに無記名のアンケートを実施したところ、友だちとの関係に神経をすり減らしている子どもが学級にいることが明らかになった。そこでさらに別の手立てが必要になると思うのであるが、具体的にどうすればよいのかについて悩んでいる。

　事例をふり返ると、この教員が、学力の育成と人間性の育成を明確に区別していることがわかる。100マス計算や朝の会の10分間読書は、あくまでも学力を育成するための手段であり、人間性の育成には関係し

ていない。同様に、無言清掃はあくまでも人間性を育成するための手段であり、学力の育成には関係していない。つまりこの教員にとって、学力の育成と人間性の育成は無関係なのである。しかし、このような考え方に問題はないのであろうか。

志水宏吉は、「しんどい子に学力をつける 7 つの法則」[4] として、「子どもを荒れさせない」「子どもをエンパワーする集団づくり」「チーム力を大切にする学校運営」「実践志向の積極的な学校文化」「地域と連携する学校づくり」「基礎学力定着のためのシステム」「リーダーとリーダーシップの存在」を提案している（志水 2005　pp.164-169）。

上記 7 点のうち、学力の育成に直接関係するのは「基礎学力定着のためのシステム」のみである。しかし志水は、それが「単体」として存在しているわけではなく、「集団づくり・仲間づくりを基盤とする、トータルな教育的働きかけのなかで、結果として子どもたちの基礎学力水準が引き上げられていた」（同上　p.171）という。つまり学力の育成と人間性の育成は一体的なものであり、両者が相互に影響を与えあいながら伸びていくということである。

たとえば、集団づくりや仲間づくりによる人間性の育成にとりくめていれば、「しんどい子」の学力も高まるに違いない。授業中、わからないことがあっても、子どもは、恥ずかしいという思いを抱くことが少なくなる。ある友だちがわからないといえば、それに応える別の子どもが現れる。そして、率直な意見交換をする姿勢が学級全員に共有されれば、その学級は学習集団としても力をつけ、結果としてそれぞれの子どもの学力が高まる。

事例の教員は、学力の育成と人間性の育成を別々のものととらえていたため、学力の育成に満足できたので次におこなうのは人間性の育成であると考えたのであろう。

そもそも人は、自分と自分をめぐる「ひと・もの・こと」との関係に生きている。したがって事例の教員のように、学力の育成と人間性の育

成を別々のものととらえることには無理がある。関係に生きる子どもにとって学ぶとは、自分をめぐる「ひと・もの・こと」との相互作用をとおしてみずからの世界が拡がることであるといえる。

《注記》
(1) 100マス計算とは、縦10×横10のマスの左側と上部にそれぞれ0から9までの任意の数字を配置し、それぞれが交差するマスに答えを書いていくという計算方法のことである。
(2) 川越市立寺尾中学校の「洗心無言清掃マニュアル」https://www.city.kawagoe.saitama.jp/kosodatekyoiku/sho-chu-ko-shien/chugakko/terao/mugonseso.files/R2seisoumanual.pdf（2020年3月1日）を参照されたい。
(3) 自発的服従とは、「社会の成員が、強権的支配や上からの管理によるのではなく、みずから主体性や自由を放棄して組織や権力に服従すること」（広辞苑）であり、「発達した管理社会に特徴的な行動様式」（同上）とされる。なおこのような行動様式は、第3章では「自己規制」という言葉で表現している。
(4) この法則は、「『同和教育』の伝統の上に立つ両校（＝E小学校とU中学校）の実践」に、分析・考察を加えて導き出された。E小学校の詳細については、志水（2003）を参照されたい。

《引用・参考文献》
志水宏吉（2003）『公立小学校の挑戦――「力のある学校」とはなにか』岩波書店
志水宏吉（2005）『学力を育てる』岩波書店
杉原里美（2019）『掃除で心は磨けるのか――いま、学校で起きている奇妙なこと』筑摩書房

「働く」ってどういうこと?

考えてみよう!

最近、仕事に追われ、心身の不調をきたしている人が多くなっています。あなたはどのような働き方を望んでいますか?

多忙な教員の日常

　私が教職をめざすきっかけになったのは、中学2年生の時の担任との出会いである。その担任は、ヤンチャな子どもや優等生の子ども、そして不登校の子どもなど、どのような子どもであっても分け隔てなくかかわっていた。教員であれば当たり前のことかもしれないが、実際にそのようにしている教員に出会ったのははじめてであった。いつの日か私も、あの担任のような中学校の教員になりたいと思うようになった。

　高校卒業後、地元の大学の教育学部に進学した。在学中は、しばしばタイやベトナムを訪れ、ボランティア活動に励んだ。恵まれない環境の中で暮らしている子どもの力になりたかったからである。3年生になってからは教員採用試験の準備を始めた。教育学部には教員採用試験のための自主講座があった。志を同じくする学生が毎日のように集まって受験勉強や情報交換をおこなった。時には教員になった先輩を招いて話を聞いた。教員採用試験に向けて、切磋琢磨する仲間がいたことは幸いであった。

　中学校の教員採用試験にストレートで合格し、ようやく1年が過ぎようとしている。あらかじめ覚悟はしていたものの、これほどまでにハードな仕事であると想像してはいなかった。4月当初、先輩教員から、多忙による心身の不調が原因で自死した教員の話をうかがった[1]。はじめは他人事として聞いていたが、いまではとても身近な話であると思えるようになった。先輩教員から折にふれて声をかけてもらわなかったら、1年間を乗り切ることはむずかしかったと思う。たとえばコンビニで万引きをした生徒の親が、どうしてもわが子の非を認めず困り果ててしまった時、さりげなくかけてもらったひと言で冷静さをとり戻したことがある。相談に乗るというスタンスでなかったからこそ、そのひと言は身に染みた。

　この1年間、平均的な1日のスケジュールは次のようなものであった。

　6時30分に学校に到着。1日の予定を確認してからトレーニングウェアに着替えて、顧問をしているバレーボール部の朝練習につきそう。7時50分に朝練終了。素早く着替えて8時10分から始まる朝の職員朝礼に参加。校長や教頭、あるいは各校務分掌の先生から連絡事項を聞く。全体の打ちあわせが終わると、学年主任を中心とする学年連絡会。終了後、8時30分からの朝の会に遅れないよう、担任を務める1年生の教室に向かう。生徒に諸連絡を伝えたあと、1時間めの授業がない場合は職員室に戻る。1時間めの授業がある場合は、そのまま授業を

する教室に直行する。

　1 時間めは 8 時 45 分開始で 9 時 35 分終了。10 分間の休み時間をはさんで 9 時 45 分から 2 時間め開始。50 分間の授業と 10 分間の休み時間をくり返し、12 時 35 分に午前中の授業が終了。給食の用意をして担任クラスの生徒といっしょに食べる。13 時 25 分から授業が再開し、6 時間めの授業終了は 15 時 15 分。清掃を終えて帰りの会が終わるのは 15 時 55 分である。

　授業のない空き時間は、教材の準備や採点、部活動の練習メニューも含めて多種多様な書類の作成などをおこなう。放課後は職員会議や各種の打ちあわせ。その合間をぬって、あるいは会議や打ちあわせが終わってからバレーボール部の練習に参加。部員を送り出してから職員室に戻り、空き時間でこなしきれなかった仕事を片づける。学校を出るのは早くても 20 時過ぎ。学校滞在時間が 7 時から午後 11 時までの「セブンイレブン」を超えることも珍しくない。

　新規採用の教員は、上記のような業務に加えて、初任者研修を受ける必要がある。この研修は、先輩教員の高いスキルを学ぶことができるので意義はあるが、正直なところ負担に感じている。

　たとえば週 1 回の校内研修では、退職されたベテラン教員に授業を参観してもらい、放課後、講評してもらう。忙しい業務の合間をぬっての指導案作成となるため、満足のいくものを書くことはむずかしい。放課後の講評では、毎回、問題点をいくつも指摘される。それぞれの指摘は的を射たものであるが、それらを一挙に改善することは不可能である。授業よりも困っているのは、授業を成立させる前提となるクラスづくりである。個人的にはこの点に関する助言がもっとほしい。しかし、「魅力のある授業をすればクラスは落ち着くはずだ」といわれればそれ以上、助言を求めることはできなくなる。指導の先生が教示したいことと私が学びたいこととの間にずれがあるように思えてならない。

　愚痴を書き連ねているように思われるかもしれないが、生徒といっ

しょに活動をすることはとても楽しい。教員という仕事は、いくら忙しくてもやりがいがある。十全な準備をして臨んだ授業で、生徒がなるほどと腑に落ちた顔をする時や、部活動の時間に何度、練習してもうまくいかなかった生徒を励まし、ようやく成功してその生徒が達成感に満ちた顔をする時である。このような場面に立ちあえることは、教師冥利（みょうり）に尽きるといえる。

　しかし授業にしても部活動にしても、満足できる準備をしようとすれば、そこに終わりはない。子どものためになると思えば、どうしても無理をしてしまう。私が尊敬している先輩教員は、だれもみな同じような働き方をしている。そのため、私だけではないと自分を納得させざるをえない。

　かれらは子どもにたいしてだけでなく、保護者にたいしても労をいとわない。以前、こういうことがあった。隣のクラスの子どもの保護者が19時頃に学校に来られた。おそらく仕事帰りなのであろう。共働きで、人一倍、子育てに熱心な保護者であると聞いている。話は途切れることなく延々とつづき、その保護者が帰られたあと、学校に残っていたのは私たちだけだった。「区切りのよいところで話を終えてもよかったのではないですか？」と尋ねると、「切羽詰まって相談に来られる保護者にたいして、『そろそろ終わりましょう』とはいえないでしょ？」と返された。そうだろうなとは思いつつも、やはり釈然としなかった。

▌事例の教員が尊敬する先輩教員は、労をいとわず過剰な働き方
▌をしています。なぜ先輩教員は、子どもや保護者のためにそこ
▌までして働くことができると思いますか？

自分と子どもを大切にすること

　事例の教員は、中学 2 年生の時の担任と出会ったことをきっかけにし
て、中学校教員になることを志した。地元の大学の教育学部に進学した
あとは、タイやベトナムの恵まれない子どもにかかわるボランティア活
動に参加し、 3 年生になってからは教員採用試験の準備に全力を尽くし
た。その結果、ストレートで合格し、ようやく 1 年が過ぎようとしてい
る。かれにとって教員という仕事は、予想以上に厳しいものであった。
授業をめぐる仕事だけでなく多種多様な書類作成、部活動の指導、いわ
ゆる問題行動を起こした生徒への対応などに加えて、初任者研修にもと

りくまなければならなかった。十分やりがいを感じながらも、いまのような働き方に疑問を抱いている。しかし同時に、尊敬する先輩教員も同じような働き方をしていることから、自分だけではないと納得せざるをえないと考えている。

　2016（平成28）年に実施された「公立小学校・中学校等教員勤務実態調査研究」[(2)]によって、次のようなことが明らかになった。10年前と比較して、1日当たりの勤務時間は、小学校平日43分・土日49分、中学校平日32分・土日1時間49分、増加している。10年前と比較して、平日の勤務時間は、小学校と中学校共にいずれの年齢階層でも増加している。男女共に、30歳以下の教員の学内勤務時間が長い。

　また、「OECD国際教員指導環境調査（TALIS）2018報告書」によると、小学校と中学校共に日本の教員の1週間当たりの仕事時間の合計は、調査に参加した国の中でもっとも長く、中学校で56.0時間、小学校で54.4時間であった。

　教員をめぐる上記のような勤務状態を改善するため、働き方改革の一環として、2019（令和元）年12月に給特法（正式名称「公立の義務教育諸学校等の教育職員の給与等に関する特別措置法」）[(3)]が改正された。この改正の柱は2つあり、その1つが1年単位の変形労働時間制の適用（2021〈令和3〉年4月から施行）である[(4)]。

　「公立の義務教育諸学校等の教育職員の給与等に関する特別措置法の一部を改正する法律の公布について（通知）」（2019〈令和元〉年12月11日）によると、変形労働時間制とは、年度はじめや学校行事等で業務量の多い時期（たとえば4月、6月、10月、11月の一部）の所定の勤務時間を週当たり3時間増やして、3時間×13週＝39時間（約5日分）を、8月の休み（5日分）に充当するというものである。

　教員の変形労働時間制についてはさまざまな批判がある。ここでは教育現場からの問題提起を紹介しておく[(5)]。たとえば、平日の勤務時間が長くなるだけで多忙化の解消にはつながらない、昼休憩に関して現状

の45分でもむずかしいのに60分も取得できるわけがない、育児や介護など個人的な事情で変形労働時間制から外れる教員がいると勤務時間の把握が煩雑になる、休日をまとめてとる日に業務に就かざるをえない教員が必ず出てくる、年休(年次有給休暇)の取得がすすまない、などである。また変形労働時間制の前提になっている、夏休みなどの長期休業期間を「閑散期」とみなすこと自体への批判もある[6]。

変形労働時間制の導入によって教員にゆとりが生まれるとは思えない。小手先の制度変更によって乗り切ろうとするのではなく、抜本的な改革にとりくむ必要がある[7]。

教育現場がいかに過酷であるのかは、事例の中学校教員の1日のスケジュールをみても明らかである。加えて、採用されて1年めの教員は、初任者研修にも参加しなければならない[8]。初任者研修とは、教育委員会が「新規採用された教員に対して、採用の日から1年間、実践的指導力と使命感を養うとともに、幅広い知見を得させるため、学級や教科・科目を担当しながらの実践的研修(初任者研修)を行うこと」[9]とされているものである。初任者研修は校内研修と校外研修に分かれ、前者は週10時間以上、年間300時間以上、後者は年間25日以上、実施される[10]。

過酷な勤務状況にありながら、教員がさらに無理を重ねる原動力となっているのは、「子どものために」という教員の使命感や教育愛である。いいかえれば、それは「教師の仕事に対する使命感や誇り、子どもに対する愛情や責任感など」の「教師の仕事に対する強い情熱」[11]である。そしてこのような価値観が教員に内面化されているため、教育現場の業務を批判的にとらえることを困難にしている。また現状に異を唱えようとしても、同じように考え行動するようにという同調圧力によって暗黙の強制が働く。その結果、このような働き方は「私だけではない」と矛を収めることになる。

このようにみてくると、教員の働き方をめぐる問題は、制度的な不備

に起因しているだけでなく、教員みずからがそれを招いているともいえる。このような状況を、「教職員の自己規制と多忙化研究委員会」は「自己規制」[12]という概念で説明している。ここでいうところの「自己規制」とは、「自己の主体としての在り方を規制する価値規範を内面化して自らの意志で行為している側面」（教職員の自己規制と多忙化研究委員会2017　p.4）のことである。教員の多くは、かれら自身が、「無規定・無定量な長時間労働でも受容し、あるいは積極的に肯定するような過剰な働き方に『自己規制』している」（同上　p.10）のである。

　以上から、尊敬している先輩教員が、労をいとわず過剰な働き方をしている理由は、かれらが「自己規制」という罠に陥っているからであると考えられる。

　教員は子どもを教育することをなりわいとしている。事務的な作業も含めて日々の教育活動にとりくんでいるのは、収入を得て生活を維持するためである。しかし同時に多くの教員は、それらの仕事に、自分のためだけではなく、子どもの最善の利益を願ってとりくんでいる。このようにみてくると教育活動は、収入を得て生活を維持するという点において教員が自分を大切にする仕事であると同時に、子どもの最善の利益をめざす仕事であるということになる。つまり教員にとって働くとは、自分と子どもを大切にする教育活動をおこなうことであるといえる。

《注記》
(1)　警察庁の自殺者数によると、2015（平成27）〜 2019（令和元）年の期間に、自殺で亡くなった教員数とその構成比は、2015年（118人、0.49％）、2016年（101人、0.46％）、2017年（103人、0.48％）、2018年（93人、0.45％）、2019年（96人、0.48％）となっている。
(2)　リベルタス・コンサルティング「平成29年度文部科学省委託研究『公立小学校・中学校等教員勤務実態調査研究』調査研究報告書」https://www.mext.go.jp/component/a_menu/education/detail/__icsFiles/afieldfile/2018/09/27/1409224_005_1.pdf（2020年10月10日）を参照されたい。
(3)　給特法とは、教員の勤務形態の特殊性をふまえて、公立学校の教員には時間外

勤務手当や休日勤務手当を支給しない代わりに、給料月額の4％に相当する教職調整額を支給することを定めた法律のことである。

(4) もう1つの柱は、教育職員の業務量の適切な管理等に関する指針の策定（2020〈令和2〉年4月から施行）である。

(5) 関西地方の小学校教員にたいして、2020（令和2）年9月4日に聞き取り調査をおこなった。

(6) 内田良「教員の働き方　新制度に強い反発　8月は休めるか？　データなき改革の行方を探る」https://news.yahoo.co.jp/byline/ryouchida/20191119-00151327/（2020年8月17日）を参照されたい。

(7) 2020（令和2）年12月17日の閣議決定により、小学校の少人数学級の拡充が決定した。現行の1学級40人（小学1年は35人）としている上限人数を引きさげ、全学年で35人となる。2021（令和3）年度から5年かけて、学年ごとに段階的に移行する。35人学級にともなう教職員定数（基礎定数）は、約1万4000人の人員増になる見通しである。中学校については、今後の検討課題になっている。クラスサイズが小さくなり、教員増となるこの改革は、財政的な裏づけをもったものとして一歩前進したといえる。しかし、この改革が変形労働時間制の導入による働き方とどのようにかかわってくるのであろうか。また、小さなクラスサイズは子どもへの管理・指導を強めないであろうか。抜本的な改革にとりくむには、このようなこともあわせて考えていく必要がある。

(8) 新規採用教員が直面する業務の過酷さについては、久冨・佐藤（2010）や同（2012）を参照されたい。第9章では自立を「困った時に頼ること」としているが、学校現場によっては、頼っても助けてもらえないこともある。

(9) 文部科学省「初任者研修」https://www.mext.go.jp/a_menu/shotou/kenshu/1244828.htm（2020年11月30日）を参照されたい。

(10) 教育公務員特例法第23条には、「指導教員は、初任者に対して教諭の職務の遂行に必要な事項について指導及び助言を行うものとする」と記されている。実際の場面で問題になるのは、指導や助言内容に関する「指導の先生と初任者との『すれちがい』」である。詳細については野中・小島（2020）を参照されたい。

(11) 文部科学省「魅力ある教員を求めて」https://www.mext.go.jp/a_menu/shotou/miryoku/03072301.htm（2020年11月30日）を参照されたい。

(12) このような行動様式は、第2章では「自発的服従」という言葉でも説明した。

《引用・参考文献》

教職員の自己規制と多忙化研究委員会（2017）『教職員の自己規制と多忙化研究委員会報告書』教育文化総合研究所

久冨善之・佐藤博（2010）『新採教員はなぜ追いつめられたのか——苦悩と挫折から希望と再生を求めて』高文研

久冨善之・佐藤博（2012）『新採教員の死が遺したもの──法廷で問われた教育現場の過酷』高文研

野中信行・小島康親（2020）『新任教師を失敗させない初任者指導の教科書──勝負の4月を乗り切る1ヶ月のシナリオつき！』明治図書出版

第**4**章　「育つ・学ぶ・働く」を読み解く視点

保育・教育の現場は、子どもをはじめとして人びとが「育つ」場であり、「学ぶ」場である。そして、保育者・教育者にとっては職場という「働く」場である。「育つ」「学ぶ」「働く」を考えるいくつかの視点を紹介しよう。

1 他者と共に育つ私

　かつて、出産や子育ては「子やらい」といわれ、共同体全体の関心事であった。山住・中江（1976）によれば、妊産婦は「忌」の状態で、一般の労働から離れ、労働しないことや子を産むことが承認されていた。「子どもを後から追いたて、突き出す」という意味の子やらいでは、一人前に育てていく際、その成長の節目には行事が用意され、共同体全体が子どもの成長を確認し、さらに励ました。たとえば、妊娠5か月めの帯祝いは、子どもの生存を認める最初の共食であり、共同体の多くの人たちの力で子どもをこの世に迎えいれる準備の儀式であった。その他、産飯、名づけ祝い、宮参り、食い初め、初節句、誕生祝い、七五三などもそうである。

　また、医療と医薬の進歩に多くを負った近代以降の寿命の延びと異なり、前近代の社会では平均寿命が短かった。その理由は、高い乳幼児死亡率と、家計負担軽減のために養うべき家族の人数を減らす間引きの慣習のためであった。それゆえ、子どもの生存は困難なものであったため、子どもは多くの人たちと、乳親、拾い親、名づけ親などのように仮の親子関係を結んだ。子どもは、仮の親子関係によってその成長を助けられ、人間の社会に結びつけられていったのである。子どもが7歳を過

ぎた頃から一人前のおとなになる準備が始まった。子どもは子供組に加
入し、親の手伝いや子守りなどの労働も担った。子守りのつらさや悲し
みをうたった子守り唄(1)が多いように、子どもの労働は苦しいもので
あった。しかしなかには、子守りをされた子どもにとって、子守りをし
た子どもは生涯の相談相手となり、その家族は自分の家族同然になるこ
ともあったという。

　子どもは、子供組などの集団生活や労働をとおして成長し、男子は
15歳前後で、女子はそれより2、3歳早く成人式がおこなわれ、若者
組・娘組へ参加し、そこでの集団生活を経て結婚にいたり、一人前と認
められるようになるのであった(2)。子どもは、共同体の人と人との網
の目のようなかかわりの中で育ってきたのである。

　手習塾（寺子屋）には、「あやまり役」（止め役、世話焼きドン、貰い下
げ）という第三者の詫びで罰が許される慣行もあった。あやまり役に
は、手習仲間（先輩・同輩）、手習師匠の妻、親、年寄りや近所の人な
どがいた。『維新前東京市私立小学校教育法及維持法取調書』（以下『取
調書』）には、次のように記されている。

　　茲ニ奇談トスベキハ当番ノ生徒中、予メ請宥役（アヤマリ役ト称ス）
　　ナルモノヲ托シ置キ、譴責ニ遇フ者アル毎ニ、此者ヨリ其罪ヲ宥メン
　　コトヲ請ハシムルヲ以テ師ハ後来ヲ戒メ然後之ヲ宥ス、其状演劇ヲ
　　見ルガ如シト

　江森（2000）によれば、時には、手習師匠が「今日は一つ子どもらを
仕置きしようと思いますから、頃合を見計らって止役に出てくれません
か」とあらかじめ頼む場合もあった。泣き叫ぶと必ず老婆が詫びをいれ
に来るので、罰を与えられた寺子はすぐに大声で泣いたという逸話も
ある。あやまり役の背景には、「紛争・裁判の解決法として、『内済（和
解）』が幕府によっても奨励され、その場合『第三者の介入』によるこ

とが中世以来慣例となっていた」（江森2000　p.144）ことがあったとされる。

　先の『取調書』が出版されたのは、1892（明治25）年である。1890（明治23）年には、小学校令改正や地方学事通則等の法整備により義務教育制度、官僚統制的な教育行政機構が確立した。教育勅語の発布による学校儀式と、修学旅行や運動会などの学校行事が子どもの生活の節目に登場することになり、学校を機軸にした子どもの生活が誕生した時期である。その頃には、あやまり役の慣行はすでに「奇談」であり、「演劇」のようにとらえられていたと思われる。

　私（自分）の過ちを共に謝ってくれる他者がいて、他者の過ちのために謝る私がいる。その他者の謝罪の姿や謝罪後のその他者とのかかわりにより、私は育つのであった。他者の存在と他者とのかかわりによって、私が育つということでいえば、現在も私たちはそのようにして育っている。

　大庭健によれば、自分が成立する根幹には、対象意識から自己意識への移行があるという。つまり、自分が存在しているというのは、たんに物事を意識しているということではなく、物事をそう意識しているのは自分だと気づくことである。物事を意識している状態（対象意識）の段階から、そう意識していることを意識するという状態（自己意識）への移行である。これは、「反射（reflection）」（光の行き先に鏡やガラスがあると、光はそこで反射して戻ってくる。その時にはじめて、懐中電灯のまぶしい輝きがみえる）という事態とよく似ており、この自己意識は「反省的（reflective）な意識」と呼ばれる。対象意識から自己意識への、意識の反転（「反射」）は、他者の存在、とくに「他人に見られている・他人によって意識されている！」（大庭2009　p.13）という気づきによっておこなわれる。それゆえ、大庭は次のように述べる。

　　私たちは、そのつど相手と関わり合い、そうした関わり合いの網

の目として、人間の一人である。たとえ、どのように「内なる自己」
を、そうした生身の自分から引き剝がそうと試みるにせよ、その試み
そのものが、相手との関わり合いにおいて、相手に向かって、あるい
は念頭において、「私」という一人称の指標語を運用する、という実
践を逃れることはできない。(同上　pp.206-207)

　私が私であるという自己意識は、他者とのかかわりあいをとおして形
成されていくことになる。私にとって、他者の存在は不可欠なものとし
てある。そうであるとはいえ、私に先んじて他者の存在があるというも
のではない。他者もその人にとっては私である。複数の私が共同の営み
の中で、各自の自己意識を形成していくといえる。いいかえれば、私が
育つには、どの私にとっても私以外の他者の存在と他者とのかかわりが
不可欠なのである。
　現在はどうであろうか。私たちは、他者の存在や他者とのかかわりを
軽視していないであろうか。私の命、私の体、私の才能などとあらゆる
ものを私の所有物のようにみなしてしまう。このような「私の」という
所有意識のことを、大庭は「横領的な私有化」と表現し、次のように述
べる。

　　私たちは、たがいに**物件ではない**人格として認めあい、呼びかけ・
　応じあうことによって、はじめてそれぞれに自分でありえている。し
　かるに、このことを支えている能力・身体・生命を、「の」という助
　詞によって「私」とつなげ、「私の能力・身体・生命」として囲い込
　む。あまつさえ、「の」という助詞を文字どおりの所有格と解して、
　能力・身体・生命を、私が任意に用益・処分していい所有物であるか
　のように思い込む。(同上　p.208。ゴシックは原文)⁽³⁾

「横領的な私有化」は、「その大変さを、自分ひとりで解説し処理でき

るかのように思いはじめたとき」（同上　p.209）に始まるともいう。「横領的な私有化」はなぜ生じてしまうのか。手習塾の「あやまり役」が「奇談」「演劇」のようにとらえられるようになったのは、学校を機軸にした子どもの生活が誕生した時期であった。子どもの生活が学校を機軸にして営まれていくことと、「私の能力・身体・生命」として囲いこんでいくことに関連はないのであろうか。

2 主体性の教育と矮小化する学び

いつの時代も、人は、遊び、学び、働き、食べ、休んで、寝て、喜怒哀楽の中で、育つ。しかし現代は、上記のそれぞれの営みがより価値あるものになるよう強いられている。なかでも、「学び」と「働き」は過度に特化されている。「学び」や「働き」からの脱落は人生を大きく左右するし、生命にかかわることも起こっている。現代の「学び」とはどのような営みなのかを考えていきたい。まずは、東田直樹の文章をみてみよう。

　　クラスで何か作業をする時には、お世話係のような子が、僕にあれこれ指示してくれました。その様子を見て、大人たちは満足そうでした。僕にも友達ができたと喜んでいました。僕は、友達がどういうものか知りませんでしたが、いろいろやってくれるのが友達ではないことだけは、わかりました。面倒をみてもらっている僕の気持ちは、とてもみじめだったからです。／同級生から教えられたり、注意されたりするたび、僕はみんなと比べて何もできない子だと思い知らされました。みなさんは、障害者のこんな思いに気づいたことがありますか？（東田2012　p.27）

重度の自閉症がある東田の文末の問いかけに意識が向きがちである

が、ここでは、「お世話係のような子」に注目したい。お世話係のような子はなぜ東田に「あれこれ指示」して「お世話」をしたのであろうか。ふだん教員は、東田やお世話係のような子たちに、「身近にいる人に温かい心で接し、親切にすること」（小学校学習指導要領　第3章 特別の教科道徳　第2　内容　第1学年及び第2学年「親切、思いやり」の項目）や、「友達と仲よくし、助け合うこと」（同「友情、信頼」の項目）を教えてきたであろう。そして、お世話係のような子は、教えてもらったことをふまえ、「よいことと悪いこととの区別をし、よいと思うことを進んで行なうこと」（同「善悪の判断、自律、自由と責任」の項目）として素直に行動に移したのではないか。お世話係のような子は実に主体的に、教員の教えどおりに、従順に行動したといえる。

　教員は、子どもたちが主体的な行動をとるため、動画や文章事例などを用い、ペアワークやディスカッションなどの子どもどうしの対話をもとにして、子どもがみずから学び、みずから考えるように、授業を工夫し、子どもとのかかわりを模索してきたであろう。おとなたちが「満足そう」であったのは、たんに東田に「友達ができた」からというだけでなく、お世話係のような子が教えたとおりに主体的に行動したからであるとも考えられる。

　主体性を意味する subject は、形容詞として「支配下にある」「従属する」という逆の意味ももつ。主体性を教育することは、子どもがおとなの意図や期待に応えようと、教えられたことを従順におこなう姿を生む。そして、子どもはおとなにとって「望ましい」言動をおこない、おとなはそのような子どもの言動をもって「主体的」ととらえてしまう。

　本来、学びは、イリイチがいったように「他人による操作が最も必要でない活動」（イリッチ 1977　p.80）である。また、「『教授』は想像力の地平を抑制する」（同上）ものであって、思考停止の状態を生む。そうであるならば、「他人による操作」のない学びは、教育目的をもって子どもに働きかけることを主とする学校において育むことができるのであ

ろうか。

　桜井智恵子は、戦後日本の教育政策を分析し、教育政策上一貫して「主体性の育成」が主張されつづけてきたこと、そこでの「主体性」が「時代の変化に主体的に対応できる能力」あるいは「国家を担う子どもの『主体性』」であったことを明らかにした。そして、新しい統治の型として、「自己を重視するよう仕向けられ、自律的に自分をコントロールする主体化」（自律的な「主体化」）（桜井 2020　pp.28-29）を指摘し、そこにおける教育の大きな役割を解き明かした。さらに、「『主体性』重視の教育は、子どもの権利を尊重する児童中心主義とナショナリズムの両輪に支えられ、展開してきた」（同上　p.29）といい、「教育を守る」や「豊かな教育」を掲げ、国家主導の教育を問い、子どもの権利を尊重する人びとさえも「主体性」重視の教育を無自覚に唱えてきたことを批判した。「主体性」重視の教育の、「主体性」はもちろんのこと、教育そのものも根本的に問う必要がある。

　「大変なことを、自分ひとりで解説し処理できるかのように思いはじめたとき」に始まる「横領的な私有化」は、「自己を重視するよう仕向けられ、自律的に自分をコントロールする主体化」、すなわち「主体性」重視の教育によって育まれてきたといえないであろうか。

　いまや、個人が一人ひとり「何ができるか」が問われ、「できること」が価値とされ、「できる─できない」という価値基準で、個人の能力強化がすすめられている。「主体的・対話的で深い学び」によってさらなる「主体性」重視の教育による「横領的な私有化」がすすんでいる。それは、国家の、というよりもグローバル社会における資本の支配としてすすめられている。

　たとえば、2014（平成 26）年、日本政府と OECD（経済協力開発機構）は、「しなやかで強靱（レジリエント）な経済と包摂的社会──雇用と成長に向けた人々の能力強化」（2014 年 OECD 閣僚理事会・閣僚声明〈仮訳〉）[4] というテーマを掲げ、「人々の能力強化による持続可能でバラン

スの取れた包摂的成長としなやかで強靭な経済の実現」等をめざすとした。その後、「2030年に向けた教育の在り方に関する日本・OECD政策対話（報告）」（第1回2016〈平成28〉年3月11日・第2回同7月22日）(5)にて、日本が議長国となり、「新しい時代にふさわしいカリキュラムや授業の在り方、アクティブ・ラーニングをはじめとした学習・指導方法、学習評価の在り方等に関する包括的な意見交換」がなされた。「しなやかで強靭（レジリエント）な経済」を担う「しなやかで強靭（レジリエント）な人材」になるよう教育することがなにをもたらすのか。人間性を含めた能力強化はすでに「生きる力」によってなされてきた。健康や思いやりまでもが「生きる力」という能力に位置づけられてきた。それをより一層強化しようとするのである。

　そして今回、たとえば、多様な教育機会を保障するとしながらも、「主体的・対話的で深い学び」や「幼児期の終わりまでに育ってほしい姿」（いわゆる10の姿）などのように国家の、資本の求める学びや姿が提示された。また、多様な教育機会を保障する中で、すでに個別学習計画の復活も提案されている(6)。保障の名のもとに、私たちの教育機会は、国家や資本にとって「主体的」＝「従属的」であると同時に、個別に管理されようとしている。私たちの学びは、国家の、資本の求める学びや姿に矮小化され、国家や資本にとって「主体的」＝「従属的」であることが強要される。

　私たちは、国家の、資本の求める人材になるべく、個々にどこまでも学びつづけなければならないのであろうか。

③ 特別視される教職からの解放

　日本の小学校および中学校ではほぼ毎日宿題があり、家に帰ってからも勉強する。それは当たり前のことなのであろうか。「いいとは思わないわ、子どもとして楽しい時間を過ごすのも必要だし、遊びの中からも

学んでいくんだから」「毎日宿題ばかりしてリラックスする時間がない
なんてよくないわ」「子どもは時間を楽しむものだよ」「学校で学ぶのは
自分のため。全部自分のため。だれがだれより点数が高いとか、気にし
なきゃいけないの？」「僕らはみんなそれぞれ違った才能をもっている
んだ。そんなこと、みんなよく知ってるはずだよ」[7] と、これはオラン
ダの小学生の応答である。かれらからすれば、宿題は当たり前ではな
い。学びや遊びにたいする社会のとらえ方が根本的に違うようである。

　シャドウ・ワークは、イリイチの造語で、資本制社会における賃労働
を補完する無償の労働であり、賃労働と共に人間生活の自立と自存の基
盤を奪いとるもの（このことについては後述）とされる。それには、「女
性が家やアパートで行う大部分の家事」、「通勤に費やされる骨折り」、
そして「家で学生たちがやたらにつめこむ試験勉強」などがある。宿題
も、子どもが将来よりよい賃労働に就くためのシャドウ・ワークであ
り、教員の職務（教職という賃労働）を補完するシャドウ・ワークであ
る。本来であれば、疑問視してもよいものがそうならないのはなぜであ
ろうか。教育を補完する営みであるから遊びや休息、家族の時間よりも
優先されるのか。あるいは教員も教職（その教育を担う教員の職務）は特
別であるから、シャドウ・ワークである宿題を強いても許されるのであ
ろうか。ちなみに、教員自身も「子どものため」に過剰な労力をシャド
ウ・ワークとして費やしている。

　教育および教職を特別と考える例はほかにもある。たとえば、臨時採
用教員は尊厳をそがれた労働をさせられているとの叫びがある [8]。授
業コマ数に応じて働く臨時採用教員の中には、本来する必要のない行事
の準備などの時間外労働による搾取や、子どもに関する情報共有などの
場面からの除外に堪えている人がいる。臨時採用教員も正規教員でない
ことをみずからのいたらなさと感じ、そのような搾取などをみずから受
けいれていないか。教育は特別であって、価値ある営みであるがゆえ
に、教育を職業とする教職も特別であって、価値ある職種であるのか。

教員採用試験に合格した者は特別であり、価値があるのか。教育への、教職への特別視は、正規職と非正規職を分断する理屈としても機能している。

　教員の働き方改革で注目されたのが給特法（正式名称「公立の義務教育諸学校等の教育職員の給与等に関する特別措置法」）である。そこでは、「教育職員の職務と勤務態様の特殊性」（教職の特殊性）を掲げ、他の職種に比して特別であるがゆえに、時間外勤務などの手当を支給しない代わりに、教職調整額を支給するとした。これは、教職が一般労働から分離されたことを意味する。それによって、教職には一般労働に適用される「労働者が人たるに値する生活を営むための必要を充たすべきもの」（労働基準法第1条）としての労働条件が適用されない[9]。

　給特法の見直しは、他の職種と同じように、教職が「人たるに値する生活を営むための必要を充たすべきもの」である労働条件に基づいておこなわれなければならない。その際、教職の特殊性も同時に問われる必要がある。教職の特殊性は、他の職種にもある機能的属性（各職種の個性）としてとらえるべきである。そうすることによって、「子どものため」の過剰な労力であるシャドウ・ワークに追われている教職およびみずからの働き方を省みることができる。

　また教職は、現実には、子どもを将来の労働者としてとらえ、その子どもを労働力商品として、国家の、資本の求める人材に育成している。その過程に、遊びや休息、家族の時間よりも優先される宿題がある。宿題にたいしても、子どもにとっての「人たるに値する生活」という観点でとらえ直さなければならない。

　最後に、教職を含む現代の資本制社会における労働（賃労働）について整理しておく。そもそも、働くこと（労働）とは、結やモヤイなどの人びとが自分たちの生存および共同体を維持するための共同作業であった。そこから、「傍を楽にする」といわれることもある。

　しかし、共同作業としてあった労働は、資本制社会において激変し

た。資本制社会では、あらゆるものが商品化され、生産・流通・消費の
プロセスを経る。資本家は労働者の労働力を買って、何らかの商品を生
産させ、それを市場に売る。労働者は自分の労働力という商品を売っ
て、代わりに賃金をもらう賃労働者になる。賃労働者は、他人（資本家）
の土地で、他人（資本家）が準備した労働用具を用いて、他人（資本家）
の指示・命令に従って労働する。賃労働は、労働者がみずからおこなう
労働でありながら、みずからの意志に従っておこなわれる労働ではな
い。商品の「価値」（剰余価値の生産）の実現のために、労働力が売られ
たり買われたりすることになる。

　そうして、賃労働者は生産手段や生産物から疎外されると同時に、そ
のような待遇を当たり前であると受けいれ、そこでの価値観を自発的に
内面化していくことになる。働くことが「傍を楽にする」といわれると
しても、傍にいる資本家（というより、資本家は資本が人格化したもので
あるため、資本の増殖＝あらゆるものの商品化）を助け、傍を楽にしよう
と働くその人（賃労働者）はみずからを犠牲にすることになる。先に、
賃労働とそれを補完するシャドウ・ワークが人間生活の自立と自存の基
盤を奪い取るものと述べたが、それはこのような意味である。

　教員も、他人（国や自治体、学校法人等）の土地で、他人（国や自治体、
学校法人等）が準備した労働用具を用いて、他人（国や自治体、学校法人
等）の指示・命令に従って労働する。教員は教材研究などの面で一定の
裁量は認められるものの、学習指導要領などによって定められた「主体
的・対話的で深い学び」の視点に立った授業改善などから自由ではな
い。また子どもの主体性を育成することをはじめ、「子どものため」と
しておこなわれる多くの子どもとのかかわり、それに費やす労力と時間
が膨大にもかかわらず、そのような状況を当たり前であると受けいれ、
そこでの使命感や教育愛などの価値観を自発的に内面化していっってい
る。第3章の「自己規制」する教員の姿である。

　現在、資本制社会では、リベラリズムの変種である新自由主義が席巻

している⁽¹⁰⁾。日本における新自由主義は、1979（昭和54）年の大平正芳政権下の閣議決定「『新経済社会七ヵ年計画』について」を出発点として、80年代の中曽根康弘政権で推進され、２度の政権交代を経てもなお、現在進行形で猛威をふるっている。あらゆるものの商品化が、保育・教育や医療などの商品化に適さない領域でも進行している。そしてそれによって、人びとの考え方や価値観、人間存在そのものが新自由主義の価値観に包摂されつつある。その価値観とは、「人は資本にとって役に立つスキルや力を身につけて、はじめて価値が出てくる」（白井2020　p.71）という考え方である。またそれは、「人間のベーシックな価値、存在しているだけで持っている価値や必ずしもカネにならない価値というもの」（同上）をまったく認めようとしない。

　このような考え方のもと、あらゆる労働と生産の現場で、コミュニケーション能力が重宝され、アイディアや情動、感情そのものを用いて仕事をするよう仕向けられ、しかもそれを会社や上司の指示・命令に合致させなければならない事態が生じている。また、労働時間と非労働時間の区別が曖昧になる傾向もみられ、勤務前後も、休日も働くことを意識せざるをえない状況に置かれている。さらに、非正規雇用にみられるように、有期雇用やフレキシブルな労働形態などの不安定な立場を受けいれざるをえない人たちがいる。そしてそのような立場に置かれるのはすべて自己責任だと思わされる。

　前節で指摘した人間性を含めた能力強化は、人生すべてを捧げなければならない、人間らしさが奪われる「全人格労働」⁽¹¹⁾を生みだしている。そしてそれこそが新自由主義の価値観に基づいた現代の労働の変容なのである。教職員の精神疾患による病休者数が2009（平成21）～2019（令和元）年度において5,000人前後（最多は2019年度の5,478人）を推移していること、「過労死ライン」の月100時間超の残業をする教員が中学校で79.8％（月80時間超は86.9％）、小学校で55.1％（前同72.9％）であること⁽¹²⁾などを勘案すると、すでに教職員の労働も全人

格労働としてあるのかもしれない。

　現在、国内外いたるところに、現代の労働の変容に抗い、新しい働き方を提唱・実践する人たちがいる⁽¹³⁾。働き方を改革するのであれば、能力強化や全人格労働を拒否しなければならない。そして、「人たるに値する生活」あるいは「人間のベーシックな価値、存在しているだけで持っている価値や必ずしもカネにならない価値」に基づいた生き方や社会のありようを構想する必要がある。教育や教職においても、一般労働から分離、優位するとする特別視（教職の特殊性）、ひいては遊びや休息、家族の時間より優先される教育への過剰な期待からなる教育や教職を囲む状況を問い、そこからの解放を提唱・実践していかなければならない。

《注記》

(1) 子守りのつらさや悲しみに加え、部落差別への怒りを唄ったものとして、たとえば、京都府の被差別部落に伝えられた竹田の子守唄がある。詳しくは藤田（2003）を参照されたい。

(2) 三重県鳥羽市答志島には、現在も16歳以上の男子が共同生活する寝屋子制度という子育ちの風習が残っている。村本・遠藤（2015）および美谷（2008）を参照されたい。

(3) 大庭は、高史明の「いのちの私有化」をもとにして「横領的な私有化」に言及している。高の「いのちの私有化」とは次のようなものである。「私は何の取柄もない人間です。その私が生きていることにどんな価値があるのでしょうか」という問いには深い転倒がある。生きていることの命の価値が抜け落ちて、取柄が価値になっている、と。そして、「いのちの上に誕生した自我であるにもかかわらず、いったん自我が誕生して、その足で世界に立ったときに、いのちが『私のいのち』と、このように逆転されます。いのちの私有化がまさに知恵によっておきる」（高1987　p.55）と述べる。

(4) https://www.mofa.go.jp/mofaj/files/000038049.pdf（2020年9月1日）を参照されたい。

(5) 第1回 http://www.mext.go.jp/b_menu/shingi/chukyo/chukyo3/053/siryo/__icsFiles/afieldfile/2015/04/21/1355915_05_1.pdf#search=%27%E6%97%A5%E6%9C%AC%E3%83%BBOECD%E6%94%BF%E7%AD%96%E5%AF%BE%E8%A9%B1%27（2020年9月1日）、第2回 http://www.mext.go.jp/b_menu/shingi/

chukyo/chukyo3/053/siryo/__icsFiles/afieldfile/2015/08/04/1360597_6_1.pdf#s
earch=%27%E6%97%A5%E6%9C%AC%E3%83%BBOECD%E6%94%BF%E7%AD
%96%E5%AF%BE%E8%A9%B1%27（2020 年 9 月 1 日）を参照されたい。

(6) 2019（令和元）年 5 月 16 日に開かれた「超党派フリースクール等議員連盟・
夜間中学等義務教育拡充議員連盟」の合同総会にて、教育機会確保法 3 年後の見
直しに向け、個別学習計画も「試案」のひとつとして再提案された。個別学習計
画は、学校に行けなくなったことで心に痛手を負う子どもに「学校を忘れる」と
いう一時の猶予さえ与えず、追いつめる可能性があるという不登校親の会などか
らの批判を受け、2016（平成 28）年 12 月の「教育機会確保法」に入れられるこ
とが見送られていた。

(7) NHK「地球イチバン～子どもにやさしいオランダの教育～」（2012〈平成 24〉
年 3 月 8 日放送）より。

(8) 臨時採用教員の労働実態については、『日本の教育　第 60 集』（日本教職員組
合）の「つながれたからこそかわったこと～臨時採用職員部のとりくみを通して
～」（pp.300-303）を参照されたい。

(9) 私立学校の教員は、公立学校の教員と同じ教職を担うにもかかわらず、労働基
準法が適用される。

(10) 酒井直樹は、フーコーがネオリベラリズム（新自由主義）をリベラリズムの
現代的変種であるととらえるのを受けて、次のように説明する。すなわち、「ネ
オリベラリズムは当初より、リベラリズムの全般的危機に対応した古典リベラリ
ズムにかわる政治的合理性、統治的合理性を構築するというプロジェクトに属す
る教義」（酒井 2019　p.528）であるとする。詳しくは、酒井（2019）を参照され
たい。

(11) 「大特集　仕事に全人格を捧げ、私が壊れていく」『AERA』（2016〈平成 28〉
年 2 月 15 日発行）より。

(12) 内田良「中学校教員の 8 割が月 100 時間超の残業　働き方改革『上限規制』
の対象外」https://news.yahoo.co.jp/byline/ryouchida/20170428-00070371/（2020
年 10 月 10 日）を参照されたい。

(13) 『生きる職場――小さなエビ工場の人を縛らない働き方』（武藤北斗　イース
ト・プレス　2017）、『田舎のパン屋が見つけた「腐る経済」』（渡邉格　講談社
2013／文庫版 2017。文庫版には「タルマーリー発、新しい働き方と暮らし」と
いうサブタイトルが付されている）、『幸せをはこぶ会社　おふくろさん弁当――
本当にあった！こんな会社　規則も命令も上司も責任もない！』（岸浪龍・吉岡
和弘・米田量　アズワンネットワーク　2016）、『ルポ　雇用なしで生きる――ス
ペイン発「もうひとつの生き方」への挑戦』（工藤律子　岩波書店　2016）など
を参照されたい。

《引用・参考文献》

イリッチ，I．（1977）『脱学校の社会』（東洋・小澤周三訳）東京創元社　Illich, Ivan. 1971 *The Deschooling Society*, Harper & Row

イリイチ，I．（1982／岩波現代文庫版 2006）『シャドウ・ワーク──生活のあり方を問う』（玉野井芳郎・栗原彬訳）岩波書店　Illich, Ivan. 1981 *Shadow Work*, Marion Boyars

植村邦彦（2019）『隠された奴隷制』集英社

江森一郎（1991／文庫版 2000）「子どもが退校処分にあったらどうしたか？──寺子屋の『あやまり役』」別冊宝島編集部編『江戸の真実』宝島社　pp.183-190／pp.131-144

太田素子（2007）『子宝と子返し──近世農村の家族生活と子育て』藤原書店

大庭健（講談社現代新書版 2003／岩波現代文庫版 2009）『私はどうして私なのか』講談社／岩波書店

岡村達雄（1976）『教育労働論──公教育の構造と官僚制』明治図書出版

尾崎ムゲン（1991）『戦後教育史論──民主主義教育の陥穽』インパクト出版会

教職員の多忙化と自己規制に関する研究委員会編（2016）『教職員の多忙化と自己規制に関する研究委員会報告書』教育文化総合研究所

高史明（1987）『いのちの優しさ』筑摩書房

酒井直樹（2019）『完全版 自由論──現在性の系譜学』河出書房新社

桜井智恵子（2020）「第 1 章　自律的な『主体化』という政治的態度──学校はいかに関わってきたか」工藤宏司・桜井智恵子・広瀬義徳ほか『「民意」と政治的態度のつくられ方』太田出版　pp.16-35

佐々木隆治（2016）『カール・マルクス──「資本主義」と闘った社会思想家』筑摩書房

白井聡（2020）『武器としての「資本論」』東洋経済新報社

東田直樹（2012）『風になる──自閉症の僕が生きていく風景』ビッグイシュー日本

広瀬義徳・桜井啓太編（2020）『自立へ追い立てられる社会』インパクト出版会

藤田正（2003）『竹田の子守唄──名曲に隠された真実』解放出版社

美谷広海（2008）「僕らの島生活　三重県答志島編（5）　寝屋子が支える地域コミュニティ」goo ニュース web（2008〈平成 20〉年 6 月 6 日）https://news.goo.ne.jp/article/bokunari/life/bokunari-20080606-01.html（2020 年 10 月 10 日）

村本由紀子・遠藤由美（2015）「答志島寝屋慣行の維持と変容──社会生態学的視点に基づくエスノグラフィー」『社会心理学研究』30（3）　pp.213-233

山住正己・中江和恵編注（1976）「子育てと子育ての書」『東洋文庫 285　子育ての書 1』平凡社　pp.3-50

育ちゆく子どもへのかかわり

第5章 「理解する」ってどういうこと？

考えてみよう！

> 学校に来るのがむずかしくなっている子どもがあなたの学級に
> います。担任であるあなたは、学級の子どもにどのように働き
> かけますか？

仲間づくりと子ども理解

　明日は勤務する小学校の運動会である。天気予報士は快晴を告げてい
た。子どもだけでなく教員も、期待と不安が入り混じった高揚感を覚え
ていた。

　運動会前日となる今日は、種目ごとに子どもが自分の立ち位置を確認
するだけにとどめ、主として会場づくりにとりくんだ。テント設営や

看板の設置では、PTA役員の方々に大変、お世話になった。毎年、手伝ってくださることもあり、倉庫からテントや看板を運びだし、てきぱきと作業をされていた。事前の打ちあわせもないまま、いつのまにか役割分担ができていたのはさすがだと思った。

　おとなの作業と並行して、子どもは自分の教室から椅子を運びだし、決められた場所に並べていた。担任をしている学級は5年生であり、とくに指示をしなくても自分たちで椅子をスムーズに並べていた。おおよその目途が立ったので、あとは子どもに任せ、2年生の椅子並べを手伝うことにした。

　ふだん、5年生にかかわっているせいか、2年生の集団の中に入ると、体格の違いだけでなくかれらの幼さもうかがえる。しかし同時に、「よくしつけられている」と思える場面にも遭遇した。子どもどうしでいい争いが起こった時のことである。最初は興奮していいあいになった2人の周りに他の子どもが集まり、大きな声で口々に自分のいいたいことをいうだけであった。ところがしばらくすると、子どもどうしで問題の整理が始まった。当事者の一方がいい争いの原因を説明すると、その周りの子どもがそれに黙ってうなずく。もう一方が説明すると、その周りの子どもがそれに黙ってうなずく。このようなやりとりをしていくうちに、いいあっていた2人の子どもの気もちも落ち着いてきたようである。「やるなぁ、2年生」と思いながら、椅子並べの作業に戻った。

　ふと運動場の方をみると、両手に椅子を抱えてこちらに向かって歩いてくる小柄な子どもの姿があった。子どものところへ駆け寄り、2つのうちの1つの椅子をもつことにした。2人で並んで歩きながら、「もう1つはだれの椅子？」と尋ねると、「トキの椅子」と答えた。トキの名前は何度も耳にしていた。1年生の時から欠席が多く、今年度は月に1、2回、他の子どもがいなくなる放課後に保健室登校していた。「どうしてトキさんの椅子を運んでいるの？」とさらに尋ねると、しばらく考えたのち、「友だちだから」という答えが返ってきた。

　おそらく来ないと思われる友だちの椅子を、だれに指示されたわけでもなく自然に運ぶ子どもがいる学級の姿にいたく感激した。さっそくその日の放課後、2年生の担任にこの出来事について話をした。この先生は私より経験年数は浅いが、以前から学級の運営がとても上手であると評判であった。

　「なにもいってないのに、いつもだれかが運んでくれるんです」という先生に、「仲間づくりの秘訣は何ですか?」と尋ねた。「秘訣」という言葉にためらいながらも、次のような話をしてくださった。

　トキの家庭訪問をした際の様子などを、本人や保護者の了解の範囲内で、毎日、トキがいつも教室にいるかのように語っている。学級のみんなが運動会で使う応援グッズをトキの家でいっしょにつくった際には、学級の子どもに、「トキさんはこの応援グッズで運動会に参加するよ。よろしくね」と話をした。いまではトキと手紙の交換をする子も何人かいる。

　さらにつづけて、子どもどうしをつなぐこと、そのためには子どもを深く知ることが大切であると話された。当たり前のことかもしれないが、改めて、自分の学級の子どもをもっとしっかりと理解しようと心に決めた。同時に、子どもどうしがいい争いを解決していく場面をみて、「しつけられている」と評価した自分を恥じた。

　それからは、2年生の担任の話も参考にしながら、自分なりに学級の子どもをよりよく理解するための努力をした。以前にも増して子どもとふれあうよう心がけたし、学級の人間関係を正確に把握するためのアンケート調査にもとりくんだ。学級の雰囲気も穏やかで、それなりにうまくいっていると思っていた矢先、自分の学級に学校を休みがちになる子どもが現れた。コダマは教室に入るのが怖いということから、登校しても保健室で過ごすことが多くなった。そしてついに、家から一歩も外に出ることができなくなったのである。

　同じ頃、2年生の担任の学級では、トキが教室でみんなといっしょに

授業を受けるようになっていた。そのような折、久しぶりにその担任と話をした。自分の学級のコダマが不登校になったこと、おそらくそれには子どもにたいする自分の理解不足が関係していることなどを、自責の念をもって語った。それを聞いて最後に、「よくわからないんですが、子どもってすごいパワーをもっていますからねぇ」とつぶやくようにいわれた。

　翌年はもちあがりとなり、6年生の担任になった。昨年度の3学期から不登校になったコダマは、相変わらず欠席がつづいていたが、月に1、2回、学級の子どもが帰宅したあと、学校に来ることができるようになっていた。そのような時は、保健室でいっしょに話をしたり本を読んだりしながら楽しい時間を過ごすことができた。

　2学期に入り運動会の日が迫ってくると、学級の子どもは、連日、放課後も残って応援合戦や全校リレーの練習をしていた。あまり帰りが遅くなってはいけないので事前に終了時刻を決めておき、下校前に全員が教室に集まることにしていた。そのようなある日、教室に入ってとても驚いた。コダマが教室にいたからである。みんなが帰ったあと、コダマに事情を聞くと次のような話をしてくれた。

　放課後、学校に来たらまだみんなが運動会の練習をしていた。何人かの友だちと目があったのでその場から離れることができず、運動場の隅に座っていた。練習が終わってみんなが教室に向かい始めた時、ハヤテが突然、走ってきて自分の手をつかみ「行こう」と誘ってくれたので、そのまま手を引かれてハヤテといっしょに教室へ入った。

　このような経緯でコダマは教室にいたのである。ハヤテが特別な考えをもってコダマにかかわったとは考えられない。どちらかといえば空気を読むのが苦手なハヤテは、場違いな言動によって他の子どもと小さなトラブルをしばしば起こしていたからである。

　今回の出来事はうれしいことである反面、ショッキングなことでもあった。コダマだけでなく、学級のすべての子どものことを少しでも深

く理解しようとしてきたし、そうすればいつの日かトキのように、コダマも教室に入ることができるようになると信じていたからである。しかし、私が子どものことを深く理解するまでもなく、このようにいともあっさりと実現した。

　私があれこれ考えていた際、「よくわからないんですが、子どもってすごいパワーをもっていますからねぇ」という言葉が思いだされた。そして私は、自分のいたらなさやふがいなさを反省するようになった。

```
さらに考えてみよう！
```

コダマは、先生の働きかけでは教室に入れませんでしたが、ハ
ヤテの働きかけで教室に入ることができました。なぜ事例の教
員は、この出来事を受けて自分のいたらなさやふがいなさを反
省するようになったのでしょうか？

わかろうとしつづけること

　事例をふり返る前に、「不登校」と「長期欠席」という用語の説明を
しておきたい。「学校基本調査──用語の解説」（文部科学省）の「理由
別長期欠席者数」には、「前年度間に30日間以上欠席した者の数。欠席
は連続である必要はない」と記されたあと、4つの理由として「病気」
「経済的理由」「不登校」「その他」があげられている。そして不登校は、
「『病気』や『経済的理由』以外の何かしらの理由で、登校しない（でき
ない）ことにより長期欠席した者」と説明されている。つまり不登校は、

長期欠席の理由の 1 つとされている。

　長期欠席の子どもの数に関しては、数え間違いをしない限り実態を正確に反映した数値である。しかし不登校の子どもの数に関しては、教員のとらえ方によって違いが生じる。なぜなら、長期欠席の理由である「病気」「経済的理由」「不登校」は相互に関連しており、どの理由を採用するのかという点において、教員の主観が入らざるをえないからである。したがって政策決定であれ調査研究であれ、30 日以上欠席した子どもの数に基づく議論をしたいのであれば、不登校の子どもではなく長期欠席の子どもの数を採用すべきである。ただ、いまのところ学校を長期にわたって欠席する子どもは、不登校の子どもと呼ばれることが多い。したがって、以下では「不登校」という用語を使う。

　事例の教員は、目の前の子どもの実態から出発した教育活動をめざしており、そのためには子ども理解が不可欠だと考えていた。そこでさまざまな手立てを講じ、子どもを深く理解しようと努力してきた。学級のコダマが不登校になったことについては、自分がコダマのことを十分に理解できていなかったからであると悩んでいた。ところが、「空気を読むのが苦手なハヤテ」による突発的な行動によって、いとも簡単にコダマは教室に入ったのである。

　教育活動にたいするこの教員の姿勢は、きわめてオーソドックスであり、とくに問題はないと思われる。検討すべきは、この教員が子どもを理解するという営みを、どのようなものとしてとらえているのかということである。

　文部科学省は、「不登校児童生徒への支援の在り方について（通知）」（2019〈令和元〉年 10 月 25 日）の「学校等の取組の充実」で、「『児童生徒理解・支援シート』を活用した組織的・計画的支援」を最初に位置づけている。児童生徒理解・支援シートとは、「支援の必要な児童生徒一人一人の状況を的確に把握するとともに、当該児童生徒の置かれた状況を関係機関で情報共有し、組織的・計画的に支援を行うことを目的とし

て、学級担任、対象分野の担当教員、養護教諭等の教員や、スクールカウンセラー、スクールソーシャルワーカー等を中心に、家庭、地域及び医療や福祉、保健、労働等の関係機関との連携を図り、学校が組織的に作成するもの」である。

　児童生徒理解・支援シートは、表紙と4枚のシート（共通シート・学年Aシート・学年Bシート・協議シート）で構成されており、そこに書きこまれる事項は多岐にわたっている。たとえば、学年別・学期別の出欠状況（別室登校・遅刻・早退を含む）や、学外の支援機関[(1)]に関する個別の情報とその支援機関への出欠状況がある。また、「生育歴、本人を取り巻く状況（家族の状況も含む。）、作成日以降の変化、家族構成」、「長期欠席、不登校（継続）等欠席状況に関する理由」、「次年度への引継事項（支援・指導の参考となるエピソード等も含め、多様な視点で記入）」もある。

　そして、上記のような情報に本人や保護者の意向も考慮しながら、学校が個別の支援計画を作成する。その個別の支援計画は、たとえば、教育支援センターに通っている子どもの場合、そこでの支援計画も学校による作成が望ましいとされている。その際、個別の支援計画における「目標」「支援内容」「経過・評価」を児童生徒理解・支援シートへ具体的に記入することも求められている。

　児童生徒理解・支援シートの記入事項からは、子どもを個別に理解し尽くそうという強固な意志が読みとれる。そしてその前提に、大量の情報を丁寧に蓄積すれば、子どもを理解し尽くすことが可能であるという確信があるように思われる。

　多様かつ多面的な人間という生き物を完全に理解することは不可能である。子ども時代をふり返ってみると、だれもが1度や2度は、親（あるいは親代わりのおとな）にわかってもらえないと苛立ちを覚えたことがあったはずである。自分の成長を一番、身近で見守ってくれている者であっても、自分を完全に理解してくれることはない。

それではなぜ教員であるならば、子どものすべてが理解できる、あるいはすべてを理解すべきであると思ってしまうのであろうか。おそらくそこには、教員の専門性をめぐって、社会の側に誤解がある。教員は子どもに関する専門家であり、子どもに関する専門家であれば子どものすべてがわかるはずだという誤解である。そして教員自身もこのような誤解を抱いている可能性が高い。

そもそも理解するとは、どのようなことなのであろうか。日常生活において、私たちは、相手の言葉や行動の意味を、その人の時間的・空間的広がりをもった生活背景をとおして読みとっている。その際、私たちに求められているのは、「もし私がこの人の立場であれば、きっとこのように感じるだろう」という想像力である。

しかしその想像力は、どこまでいってもその人を外から理解することでしかない。なぜなら、「もし私がこの人の立場であれば」とどれほど想像力を働かせても、想像しているのは自分自身であるという限界を超えることはできないからである。そしてこのような考え方は、相手が子どもであれおとなであれ、すべての人間に当てはまる。

事例の教員が自分のいたらなさやふがいなさを反省したのは、アンケート調査まで駆使した、子ども理解への過剰な思い入れと、それを支えていた、教員であれば子どもを完全に理解できるはずだという考え方に問題があるのではないかと気づいたからであろう。

すでに確認したように、人を完全に理解することはできない。したがって一定の手続きに沿って決められた段階をふめば、その人の気もちや考えがすべてわかると考えるのは幻想である。それにもかかわらずわかりたいと願う人がいれば、私たちは、その人のことをさらにわかろうと思い、諦めることはないであろう。理解するとは、その人の気もちや考えをわかろうとしつづけることであるといえる。

《注記》

(1)　具体的には、「①教育支援センター」「②教育委員会所管の機関（①を除く。）」「③児童相談所・福祉事務所」「④保健所、精神保健福祉センター」「⑤病院、診療所」「⑥民間団体、民間施設」「⑦その他の機関等」「⑧IT 等の活用」となっている。

《引用・参考文献》

伊藤茂樹編著（2007）『リーディングス　日本の教育と社会　第8巻　いじめ・不登校』日本図書センター

保坂亨（2019）『学校を長期欠席する子どもたち──不登校・ネグレクトから学校教育と児童福祉の連携を考える』明石書店

「配慮する」ってどういうこと？

考えてみよう！

ケガをした友だちが松葉づえをついて登校してきました。あなたはこの友だちにたいしてどのようなことに心を配りますか？

特別な支援が必要な子どもへの配慮

　4月、ツバサは私が勤める小学校の隣にある幼稚園から入学してきた。ツバサが通っていた幼稚園と本校は立地条件を生かしてずいぶん前から「5・5交流」にとりくんでいた。5・5交流というのは、新年度から1年生になる5歳児と、新年度になれば最高学年になる5年生との交流活動である。5年生が幼児とかかわることにも、もちろん教育的な意味はあるが、この交流ではなによりも、新1年生の小学校にたいする

不安の軽減が意図されていた。本校でおこなわれている5・5交流は「小1プロブレム」[1]にたいする配慮の意味あいが大きかった。

　5・5交流の際にもツバサの行動には、さまざまな特性がみられた。たとえば、小学校の体育館に園児を迎えて、5年生がクイズやダンスをした時は、ツバサは活動に参加せず、ほとんどの時間を体育館の隅っこでくるくる回ったり、積み重ねられた運動マットの上で大の字になって寝そべったりして過ごした。5年生が幼稚園を訪問し、リコーダー演奏をした時は、耳をふさいで遊戯室からとびだしてしまい、演奏が終わるまで戻ってこなかった。

　昨年度、5年生を担任していた私は、5・5交流後の幼小教員間の話しあいで、ツバサには軽度の知的障害があり、自閉症とADHD（注意欠如・多動性障害）の診断を受けて療育手帳を取得していること、保護者は特別支援学校でなく地域の小学校への入学を希望しており、ツバサが幼稚園では他児といっしょに過ごせているので、小学校でも通級指導や特別支援学級を希望していないことを知った。ただこのような話を聞きながらも、私は6年生にもちあがるものと思っていたし、障害のある子どもを担任した経験のない私がツバサを受けもつことになるとはまったく考えていなかった。

　ところが新年度から、ツバサのいる1年生の学級担任をすることになった。学級には支援員[2]がひとり配置される。担任が発表された日の帰り、町の図書館へ行き、自閉症やADHDに関する本を借り集めた。本には、発達特性のある子は、はじめての場所が苦手であり長時間の着席がむずかしいため、入学式への参加に向けて、式の前から配慮が必要であると書かれていた。

　そこで教員間で相談をし、ツバサ親子には入学式の前日に来校してもらうことにした。支援員や私と事前に顔あわせをし、入学式会場の雰囲気をみてもらい、座る席をあらかじめ伝えた。式の流れについても説明し、できる限りの配慮をおこなったつもりであった。入学式当日、式が

始まってしばらくすると、ツバサは席にじっと座っているのが苦痛なのか体を前後にゆらし始めたり、大きな声でひとり言をいったり、立たなくていい時に立ちあがったりするなどヒヤヒヤさせられたが、無事に入学式を終えることができた。

慣れない小学校生活に戸惑っているのはツバサだけではない。そこでだれもが安心して小学校生活へ円滑に移行していけるよう、4月はスタートカリキュラム⁽³⁾を実施した。1週めは、「学校を知ろう! 先生や友だちと仲良くなろう!」という2つをねらいとして、幼稚園や保育所などでおこなわれてきた手遊びや絵本の読み聞かせなどもとり入れながら、合科的な指導により「学校探検」などの活動をおこなった。

スタートカリキュラムを実施している間は、ツバサの行動がそれほど気にはならなかった。しかし各教科の授業をおこなうようになると、ツバサの行動がかなり気になりだした。

たとえば授業中、自分に関心のあることが出てくると、それをずっと質問しつづけた。そのままにしておくと、他児も授業に集中できなくなるので、「ツバサさん、今はお話をしません」と制すると、大声をだして教室からとびだしてしまう。支援員がツバサを連れ戻しに行ってくれるとはいうものの、そのたびに授業が中断されるので、このままでは授業に遅れをきたすのではないかと懸念された。

そこで、たとえばツバサが国語の時間にお道具箱からおはじきをだして机の上に並べていても黙認するようにした。しかしこのようなことがつづくと、ツバサ以外にも勝手なことをし始める子が出てきた。ツバサは障害があるから許したのであり、他児が授業中になにをしてもよいというわけではない。そこで他児には厳しく注意をすると、「ツバサだけ怒られないのはおかしい」「ツバサはズルい!」などの不満が噴出した。

スタートカリキュラムでスムーズに滑りだしたつもりであったが、5月末には学級が混乱状態に陥っていた。黒板の周りに掲示物を貼らない、1日の流れを絵カードで示すなどツバサにたいして種々の配慮をお

こなってきたにもかかわらず、ツバサのせいで学級崩壊寸前のところにまで追いこまれていると感じていた。そしていつのまにか「ツバサさえいなければ」という気もちをもち始めている自分に気づき、さらにまた落ちこんでしまった。

　そのような矢先、学級の子どもが昼休みにケガをした。校庭で手をつないで勢いよく走っていた仲良し3人組が、お互いの速度があわずに手をつないだまま転倒し、下敷きになった子が骨折してしまったのである。ツバサとはまったく関係のない事故であったが、保護者からは、「ツバサさんに配慮が必要なのはわかります。でも先生がツバサさんばかりに気をとられて他の子どもにまったく配慮してこなかったので、このような事故が起きたのではないですか」と責められた。ますますどうすればよいのかわからなくなってしまった。

さらに考えてみよう！

担任の先生のツバサへの配慮は、学級の子どもからも、保護者
からも理解してもらえませんでした。なぜ理解してもらえな
かったと思いますか？

当事者と対話を積み重ねること

保育・教育現場では、障害のある子どもを「教育上特別な配慮を必要
とする子ども」と表現することもある。配慮とは心を配ることである
が、「教育上特別な配慮」といわれる際の配慮は、たんなる心配りでは
なく「合理的配慮」を意味している。合理的配慮という考え方は、「障
害者差別解消法」（正式名称「障害を理由とする差別の解消の推進に関する
法律」2013〈平成25〉年）などの成立により、法制度の中に新しく導入
されたものである(4)。「障害者権利条約」（正式名称「障害者の権利に関
する条約」2006〈平成18〉年国連採択、2014〈平成26〉年日本批准）では、

合理的配慮とは、「障害者が他の者との平等を基礎として全ての人権及び基本的自由を享有し、又は行使することを確保するための必要かつ適当な変更及び調整であって、特定の場合において必要とされるものであり、かつ、均衡を失した又は過度の負担を課さないものをいう」と定義された。

　川島聡は、国内法のもとでいわれる「合理的配慮は、基本的には、①個々のニーズ、②非過重負担、③社会的障壁の除去という３つの要素からなる。（略）この３要素は、基本的には、障害者権利条約の合理的配慮の定義を構成する３要素と同じである」（川島2016　p.49）と指摘している。つまり、障害者が生活するうえで支障となる外的要因である社会的障壁を除去するだけでは合理的配慮とはいえない。合理的配慮をおこなうためには、障害者個々人の個別ニーズを満たすという条件と非過重負担という条件が満たされる必要がある。

　それでは、事例の担任による配慮の具体例（㋐〜㋔）が合理的配慮にあたるかどうかみていこう。

㋐「小１プロブレム」を軽減することに配慮した「5・5交流」

㋑ ツバサが入学式に参加できるように配慮した式前日に設けた来校日

㋒ 小学校生活へ円滑に移行することに配慮したスタートカリキュラム

㋓ ツバサが教室からとびださないことに配慮した授業に関係のない行為の黙認

㋔ ツバサが落ち着いて学べるように配慮した掲示の工夫、絵カードの提示

　㋐〜㋔の配慮のうち、㋑㋓㋔はツバサ個人にたいしておこなわれた配慮であるが、㋐㋒は、就学前後の移行期に生じやすい混乱を事前に回避

するためにおこなわれたものである。そのため㋐㋒は、合理的配慮の条件である「個々のニーズ」に沿ったものではないので合理的配慮とはいえない。また㋑㋓㋔は、担任が文献に書かれている自閉症や ADHD の特性に基づく一般的な配慮を独自の判断でおこなったものにすぎず、ツバサやツバサの代弁者になる可能性のある保護者の意向を尊重したものではない(5)。合理的配慮の条件である「個々のニーズ」がなおざりにされているため、㋑㋓㋔についても合理的配慮とはいえない。合理的配慮において「鍵となるのが、障害者との『対話』」(川島・星加 2016　p.8)であるという。当事者との対話は、配慮するということの原点をさし示す言葉なのである。

　担任がおこなった配慮は、どれをとっても合理的配慮とはいえなかったが、担任としてはツバサにたいして精一杯におこなった心配りとしての配慮であった。それではなぜその配慮が学級の子どもや保護者に理解されなかったのであろうか。

　ツバサの意向を聞かず担任が独断でおこなった配慮は、ツバサが、入学式に参加する、教室からとびださない、授業に集中する、パニックを起こさない、というように、ツバサがみんなと同じことを同じようにできるようになるための配慮、いいかえれば、ツバサを障害のない子どもに近づけるための配慮であった。ツバサにしてみれば、みんなと同じことが同じようにできない自分を否定されたと感じる配慮であったかもしれない。

　それは当然、ツバサも含めて学級の子どもが共に学びあい、共に育ちあうことへの配慮でもない。そのため他児にしてみれば、これらの配慮は、自分たちには関係のないツバサのためだけにおこなわれているものであり、ツバサだけが優遇されていると感じられたのであろう。

　合理的配慮は、「個別の支援ではなく、(略)『ともに学び、ともに育つ』ためのもの」(日教組インクルーシブ教育推進委員会 2017　p.14)としておこなわれてこそ、その配慮にたいして周りの子どもからも理解が得

られるといえる。

　また担任は、子どもの骨折がきっかけとなって、保護者からの「先生がツバサさんばかりに気をとられて他の子どもにまったく配慮してこなかった」という不満にも追いつめられている。しかしそもそも、他児にたいしてまったく配慮をしていないことなどありえない。上記の可視化された配慮の例だけでみても、㋐㋒はすべての子どもへの配慮なので、他児にたいしても配慮がなされている。しかし「ツバサはズルい！」という子どもの言葉の背後にも、「自分たちは配慮してもらっていないのに」という、この保護者と類似した気もちがみえ隠れする。

　合理的配慮が「ともに学び、ともに育つ」ためのものであるならば、ツバサだけが当事者ではなく、ツバサの周りにいる子どもや保護者も当事者である。担任は、ツバサにたいする合理的配慮の提供について、ツバサやツバサの保護者と対話をおこなうことはもとより、他児や他児の保護者とも対話をおこなう必要があった。このようにツバサをめぐる人たちとの間で「ともに学び、ともに育つ」ための対話を積み重ねることができれば、合理的配慮は「共生の技法」(6)（川島・星加 2016　p.8）となっていくに違いない。

《注記》

(1)「『小１プロブレム』の名付け親とも目される」（藤井 2010　p.2）新保真紀子が、大阪府人権・同和教育研究協議会でこの問題にとりくんだのは 1998（平成10）年である。「高学年の『学級崩壊』と異なり、幼児期を十分、生ききれてこなかった、幼児期を引きずっている子どもたちが引き起こす問題」（新保 2001 p.14）として「小１プロブレム」に言及した。その背景には種々の要因が複合的に絡みあっているとされ、主なものとして、①子どもたちを取り巻く社会の変化、②親の子育ての変化と孤立化、③変わってきた就学前教育と変わらない学校教育の段差の拡大、④自己完結して連携のない就学前教育と学校教育、が指摘された（同上　pp.16-22）。これにより就学前と就学後の連携・接続に関心が向けられるようになった。しかし、小１プロブレムと名づけられたがゆえに、その後の議論は、③④を中心とする教育課題に矮小化され、幼小連携のカリキュラム開発にとりくまれるようになった。「幼児期を十分、生ききれてこなかった」背景

にある、①②で指摘された社会状況の変化への関心が希薄になってしまったことは否めない。

(2)　特別支援教育支援員は、「幼稚園、小・中学校、高等学校において障害のある児童生徒に対し、食事、排泄、教室の移動補助等学校における日常生活動作の介助を行ったり、発達障害の児童生徒に対し学習活動上のサポートを行ったりするため」に地方財政措置で配置されている。文部科学省 https://www.mext.go.jp/b_menu/shingi/chukyo/chukyo3/044/attach/1312984.htm（2020年11月30日）を参照されたい。

(3)　スタートカリキュラムとは、「小学校へ入学した子供が、幼稚園・保育所・認定こども園などの遊びや生活を通した学びと育ちを基礎として、主体的に自己を発揮し、新しい学校生活を創り出していくためのカリキュラム」である（文部科学省国立教育政策研究所教育課程研究センター 2015　p.2）。

(4)　障害者差別解消法では「合理的な配慮」とされており、「合理的配慮」という文言自体は存在しない。

(5)　発達障害の子どもへの対応として一般的におこなわれている視覚支援に関して、自閉症の当事者である東田直樹は、「僕自身はあまり時間やスケジュールを視覚的に表示することは、好きではありません」とし、その理由については、「視覚的に示されると強く記憶に残り過ぎて、そのことに自分を合わせることだけに意識が集中してしまい、変更になるとパニックになってしまいます」（東田2007 p.136）と述べている。一般的に発達障害の子どもに有効であるといわれる視覚支援であっても、その有効性は個々人によって異なるため、当事者との対話が必要である。

(6)　川島らによれば、合理的配慮の対話の根底には、「非対称的な社会構造に自らが身を置いていることに自覚的でありつつ、他者の固有の差異（個別性）を尊重し、配慮しようとする構え」（川島・星加2016　p.8）がすえられねばならないという。そして、「このような態度に裏打ちされた対話の様式が私たちの社会に浸透し、広がっていくことによって、豊かな社会関係の醸成につながる可能性が開かれていく」（同上）と考えられている。

《引用・参考文献》

川島聡（2016）「第2章　差別解消法と雇用促進法における合理的配慮」　川島聡・飯野由里子・西倉実季ほか『合理的配慮——対話を開く、対話が拓く』有斐閣 pp.39-67

川島聡・星加良司（2016）「序章　合理的配慮が開く問い」　川島聡・飯野由里子・西倉実季ほか『合理的配慮——対話を開く、対話が拓く』有斐閣　pp.1-15

新保真紀子（2001）『「小1プロブレム」に挑戦する——子どもたちにラブレターを書こう』明治図書出版

日教組インクルーシブ教育推進委員会（2017）『インクルーシブのつぼみ──とも
　に育ちあい、学びあうための10の提言』アドバンテージサーバー
東田直樹（2007）『自閉症の僕が飛び跳ねる理由──会話のできない中学生がつづ
　る内なる心』エスコアール出版部
藤井穂高（2010）「第1章　『小1プロブレム』に関する研究と政策の経緯と現
　状」　東京学芸大学「小1プロブレム研究推進プロジェクト」『平成19〜平成 21
　年度　小1プロブレム研究推進プロジェクト報告書』　http://www.u-gakugei.
　ac.jp/~shouichi/report/index.html（2020年2月21日）
文部科学省国立教育政策研究所教育課程研究センター（2015）『スタートカリキュ
　ラム　スタートブック』　https://www.nier.go.jp/kaihatsu/pdf/startcurriculum_
　mini.pdf（2020年2月23日）

第 7 章　「支援する」ってどういうこと？

考えてみよう！

困っている時に周りのだれからも助けを得ることができません
でした。あなたはどのような気もちになりますか？

育児に悩む母親を助ける子育て支援

　ようやく子どもを授かった。何としても「この手でわが子を抱きた
い」という強い思いで4年半のつらい不妊治療を乗り越えた。お腹が大
きくなるにつれ、出産や子育てへの夢は大きく膨らんだ。助産師さんと
いっしょにバースプランを立て、出産時は、大好きなアロマの香りに包
まれ、胎教のために毎日聞いているモーツァルトの音楽を流してもらう
ことにした。また、わが子の誕生をビデオ撮影するために、夫の立ちあ

いのもとで出産する予定であった。そして誕生後は母乳育児で、離乳食は手づくりで添加物のないものにしようと決めていた。保健センターでおこなわれる両親教室、子ども服メーカーが開催しているプレママ・プレパパセミナーにも参加し、夫の協力を得て着実に出産準備を整えていった。

　1つだけ心配なことは、私の骨盤幅が正常値より狭いことであった。ただ私が自然分娩を望んでおり、赤ちゃんもそれほど大きくないので、ドクターからは、帝王切開にするかどうかは様子をみながら決めると告げられていた。いよいよ陣痛が起き入院となった。しかし、何時間も微弱陣痛がつづくだけで胎児が産道を通過できないことがわかり、急きょ帝王切開となった。アロマもモーツァルトもビデオ撮影もすべてなくなってしまった。そのため、子どもが大きくなった時に誕生場面をみせてあげられなくなり、誕生したばかりのわが子を抱きながら、申し訳なさでいっぱいになった。

　退院後は、私の希望ではなかったが、はじめての子育てと家事の両立はむずかしいだろうと夫から強くすすめられ、しばらく里帰りをして母の助けを得ることになった。里帰りが希望でなかったのは、どうしても母を好きになれなかったからである。幼い頃から私はいつも母の顔色をみながら、母に認めてもらいたくてがんばりつづけてきた。しかし、どんなにがんばっても母は私を認めてくれなかった。世間でいわれるよい大学に合格しても、母は、私が到達したさらにその上に到達目標があったと難癖をつけた。

　退院1日めから私の不安が的中した。入院中に薬を飲んだり乳房のマッサージをしたりしても、母乳の量が足りなかったので、当初予定していた母乳育児をあきらめ、ミルクを足して混合栄養で育てることになっていた。助産師さんから、「完全に母乳だけで育てているママは半分くらい。ミルクだけのママもいるし、ミルクはとてもよくなっているから」と励まされ、混合栄養で育てることにようやく納得できたところ

であった。それにもかかわらず母は授乳のたびに私のそばに来て、「ミルクだと体の弱い子になる」「努力すれば母乳は出るようになる。努力が足りない」とくり返した。里帰りで母に甘えて家事を忘れてゆっくり育児に専念するという生活にはほど遠く、私のなすことすべてが気に入らない母から育児についても事細かに小言をいわれ、日増しにイライラが募っていった。

　そのため予定より早く自宅に戻り、親子3人の暮らしをスタートさせた。しかしそれはそれで大変であった。子どもが生まれたからといって夫の残業がなくなるわけではなく、実際に夫が育児の手助けをしてくれるのは週末のみであった。1週間のほとんどが、家事も育児もすべて私ひとりで担う典型的なワンオペ育児となった。昼夜の別なく子どもの世話をし、同じことをくり返すだけの毎日であった。オムツを替え、授乳をしても泣きやんでくれなかったり、ちょっと横になった時に限って泣き始めたりと、心も体も疲れがたまる一方で、だんだんと子どもの泣き声を疎ましく感じるようになっていった。

　しかし子どもが3か月になった頃、市の広報誌に掲載されていた子育て支援センターの「お知らせ」が目にとまった。出産前に両親教室で子育て中の親子が交流できる場があることを聞いていたが、怒濤のような日々ですっかり忘れていた。子育て支援センターでは、首の座った乳児を対象とするベビービクス[1]の教室も開催されていたので、さっそく電話で申しこんだ。ベビービクスに行き始めたのを機に子育て支援センターの親子広場にも通うようになった。ママ友や支援センターの職員さんと話をするようになり、夫の帰りを待たなくてもおとなと会話できることがとにかくうれしかった。

　ママ友どうしでLINEを交換すると、広報誌に掲載されていない子育て支援のイベント情報も教えてもらえるようになった。民間の幼稚園や保育園などでも園庭開放や、ママ向けのヨガ教室などがおこなわれていて費用もかからなかった。また保育者を養成している大学などでも子育

て支援のイベントが開催されていて、人形劇の鑑賞や親子遊びを経験できた。子どもの情操教育のためと思い、それらの催しにも積極的に参加した。ノイローゼ気味だった数か月前の生活が嘘のように一変した。子どもが6か月を過ぎる頃には、親子リトミックなど参加できる講座も増え、子育て支援の利用により毎日が忙しくなっていった。子育て支援に行けば、その時間は保育の専門家によいかかわりをしてもらえるのでがんばりつづけた。

　しかし親子広場などでは、保育の専門家やママ友の視線が気になった。ダメな母親と思われないよう、常に明るい笑顔でよい母親としてふるまった。家に閉じこもって子どもと向きあうだけの頃と比べれば日々の生活は充実していたが、疲れて休みたいと思うこともあった。

　私が休めば、その日は、子どもが保育の専門家に紙芝居や絵本を読んでもらえなくなる、保育の専門家が用意した工夫の凝らされた手づくりおもちゃで遊べなくなると思うと不安でならなかった。他のママ友に遅れをとってはならないと焦った。それでも雨の日などは外出が億劫になり、1日中、家で過ごしてしまうこともあった。そのような日は不安とやるせなさでいっぱいになり、子どもにきつくあたってしまった。そして夜になると、なんて自分はダメな母親なのだろう、自分も実母のようになってしまうのではないかとひどく落ちこんでしまう。いつのまにかこのような日々をくり返すようになっていった。

┌ - ┐

さらに考えてみよう!

> 事例の母親は、地域の子育て支援を利用して育児不安から救われましたが、やがて子育て支援を利用しないことで不安に苛^{さいな}まれるようになりました。なぜそのようになったと思いますか?

パートナーとして共に歩むこと

　1989（平成元）年、合計特殊出生率⁽²⁾（以下「出生率」）が 1.57 となった。丙_{ひのえうま}午の年である 1966（昭和 41）年の出生率 1.58 を下回ったことから、「1.57 ショック」といわれ、これを機に少子化問題⁽³⁾ がクローズアップされるようになった。出生率が 2.0 を下回れば人口減少となる。すでに 1975（昭和 50）年から出生率は 2.0 を下回っていたが、1.57 ショックにより数々の少子化対策が講じられるようになった。その皮切りとなったのが 1994（平成 6）年にだされたエンゼルプランである。正式名称が「今後の子育て支援のための施策の基本的方向について」と

なっていることからもわかるように、日本の子育て支援施策は、少子化対策として歩んできたといっても過言ではない。

　その後、出生率は 2005（平成 17）年に過去最低である 1.26 まで落ちこみ、近年は微増傾向となっていたが、2019（令和元）年は 1.36 と前年より 0.06 ポイント下回る結果となった。出生数は最少の 865,234 人である。少子化の要因として、出産や育児以外で自己実現をめざすようになった女性の社会進出や晩婚化、性別役割分業による父親の不十分な家事・育児参加をあげることができる。また、都市化や核家族化が進んだことにより、従来の「血縁・地縁型の子育て支援のネットワークが弱体化し、それに代わるべき子育て支援システムが十分に機能していないこと」（柏女 2017　p.114）による育児負担感の増大なども指摘されている。

　乳児と接する経験がほとんどなく[4]、「親準備性」[5]が未形成なまま親になったにもかかわらず、家族や地域社会から子育ての手助けを十分に得ることができない。そのような中で、「よりよい」子育てをめざす育児情報が過剰に飛び交い、子育ての責任はすべて保護者（多くの場合は親）にあるといわんばかりの有形無形の圧力がかかる。事例のような子育てに関心の高い母親は、「よき母親」にならねばとプレッシャーを抱えこむことになる。実母との関係がむずかしく、夫の協力も期待できなければ、子育て支援と出あうまでの間、育児の負担感に追いつめられていったのも無理からぬことであろう。

　国の子育て支援施策が少子化対策としてすすめられてきたとはいえ、事例の母親をひとまず育児不安から救ったのは子育て支援のとりくみであった。子育て支援とは、「子育てという営みあるいは養育機能に対して、私的・社会的・公的機能が支援的にかかわることにより、安心して子どもを産み育てる環境をつくるとともに、子どもの健やかな育ちを促すことを目的とする営み」（森上・柏女 2015　p.357）である。子育て支援事業は、2003（平成 15）年の改定児童福祉法においてはじめて制度化され、2008（平成 20）年の同法改定では、乳児家庭全戸訪問事業[6]や

一時預かり事業 ⁽⁷⁾、地域子育て支援拠点事業 ⁽⁸⁾ などが法定化された。

　この事例では、子育て支援センターでおこなわれているベビービクス教室も親子広場も、地域子育て支援拠点事業のとりくみとしてとりあげられている。かつては、子育ての支援が必要となるのは働く保護者であり、保育所整備をおこなえば子育ての支援は十分であると考えられていた。そのような時代からすれば、在宅で子育てをする保護者にたいしても支援が必要であると認識され、2015（平成 27）年から施行された子ども・子育て支援新制度により、子育て支援事業に公的資金が投じられるようになったことは一定の進歩である。子育てに「私的・社会的・公的機能が支援的にかかわる」ことになったといえる。

　それではなぜ、子育て支援を利用して育児不安から救われた母親が、今度は、支援を利用しないことで不安に苛まれるようになったのであろうか。

　当初、子育て支援は、子育ての閉塞感から保護者を救い出し、安らぎをもたらしてくれるものであった。しかしいつのまにかそれが保育の専門家によい子育てや子どもの情操教育をしてもらうものへと変化していった。前原寛は、「子育て支援において、参加する親子が、お客さんになっているということは、いいかえれば、保護者が、子育て支援という外注化サービスを消費している」（前原 2008　p.140）と指摘する。良心的な営みとして子育ての支援をおこなっている人たちが、結果として保護者が子育てを外注化することに加担してはいないかと警鐘を鳴らしている。

　事例の母親が、保育の専門家といっしょに子育てをするという感覚ではなく、保育の専門家に子育てをしてもらうという「お任せの感覚」（同上）をもつようになっていたとすれば、それは、「子育て支援という外注化サービス」の消費である。サービスを多く消費すれば、よい子育てができるという考えに陥ってしまうと、子育て支援を利用しないことが不安となるに違いない。

　また事例の母親は、子育て支援の場でみずからの子育てが評価されていると感じるようになり、理想とされる母親を演じるようになった。このような感じ方は、幼い頃から実母による評価のまなざしにさらされてきたことも少なからず影響しているであろう。しかしそれだけでなく、仮に、支援する側の専門家が、親準備性が未形成な母親に不足しているものをみつけだし、不足分を補うことが支援であると考えていたならば、自分の子育てが評価の対象になっていると感じたのも考えすぎであるとはいえない。

　子育ては、保護者だけでおこなうものではなく社会全体でおこなうものである。子育てに「私的・社会的・公的機能が支援的にかかわる」子育て支援というのは、少子化対策として必要なのではなく、子育てをネットワークの中でおこなうために必要なのである。したがって子育ての支援は、保育の専門家が保護者の代わりに子育てをすることでもなければ、保護者の子育てになにが不足しているかをチェックして不足分を補うことでもない。それは、支援ニーズのある人とそれに応えようとする人が、パートナーとして試行錯誤をくり返しながら共に歩む営みなのである。

《注記》
(1)　ベビービスクとは、赤ちゃんと母親のスキンシップを基本に、ベビーマッサージとベビーエクササイズからなるプログラムのことで、親子の絆を深め、愛情と信頼関係を育て、赤ちゃんの知的発達や情緒の発達にも効果があるといわれている。
(2)　合計特殊出生率とは、その年次の 15 ～ 49 歳までの女性の年齢別出生率を合計したもので、ひとりの女性が仮にその年次の年齢別出生率で一生の間に産むとした時の子ども数に相当する。
(3)　立岩真也は、高齢化社会を支えるための人不足が問題とされている現在の少子化問題というのは、働ける子ども、つまり「生産性＝質の高い」子どもがたくさん生まれてほしいことが暗黙に想定されているため、「優生思想」と基本的には同じ考えであると述べている（立岩 2006　pp.134-135）。
(4)　横浜市の調査によると、74％の人がはじめての子どもが生まれる前に赤ちゃん

の世話をしたことがないと回答している（横浜市こども青少年局 2013）。

(5) 親準備性という用語をはじめて研究に用いた岩田崇らによれば、「『親準備性』とは、望ましい親行動の遂行に必要な、プレ親期（青年期）における、価値的・心理的態度や、行動的・知識的側面の準備状態」（岩田・秋山・井上・ほか 1982 p.466）のことである。

(6) 乳児家庭全戸訪問事業は、「こんにちは赤ちゃん事業」と呼ばれ、保健師や保育士などが生後 4 か月までの乳児のいる家庭を訪問し、子育てに関する情報提供、親子の状況把握、子育てに関する相談援助をおこなう事業である。

(7) 一時預かり事業とは、家庭での保育が一時的に困難となった乳幼児を、保育所などにおいて一時的に預かり、必要な保護をおこなう事業である。

(8) 地域子育て支援拠点事業とは、乳幼児およびその保護者が相互に交流をおこなう場所を開設し、子育ての相談、情報提供、助言その他の援助をおこなう事業である。

《引用・参考文献》

岩田崇・秋山泰子・井上義朗・ほか（1982）「青年期の親準備性の関する研究」　小林登『「母子相互作用の臨床的・心理・行動科学的ならびに社会小児科学的意義」に関する研究』厚生省心身障害研究報告書 pp.466-467　https://www.niph.go.jp/wadai/mhlw/1982/s5706093.pdf（2020 年 2 月 23 日）

柏女霊峰（2017）『これからの子ども・子育て支援を考える──共生社会の創出をめざして』ミネルヴァ書房

立岩真也（2006）『希望について』青土社

前原寛（2008）『子育て支援の危機──外注化の波を防げるか』創成社

森上史朗・柏女霊峰（2015）『保育用語辞典 第 8 版』ミネルヴァ書房

横浜市こども青少年局（2013）『横浜市子ども・子育て支援事業計画の策定に向けた利用ニーズ把握のための調査結果報告書（平成 25 年 12 月）』

第8章

「理解・配慮・支援」を読み解く視点

保育・教育の実践は、子ども、保育者・教育者、保護者、地域の人たちなどからなる網の目のような人間関係を基盤として展開される。そしてその際、「理解」「配慮」「支援」がともなうものとしてある。それらを考えるためのいくつかの視点を紹介しよう。

1 理解しようとする私

　医療や介護、保育や教育などの対人援助を職務とする人にとって、その対象者を理解することは職務の出発点になる。保育や教育であれば、子どもをどのように理解するかである。たとえば、「子どもを理解するということは、一人一人の子どもの表面にあらわれた言動や表情、しぐさなどから、その『意味』を探り、言葉にならない思いをも含めて、その内面を理解していくということでもあります」（渡邉・髙島・大豆生田・ほか 2018　p.38）とされる。そして、「そのための理解の姿勢としてあげられるのが、概念的な理解に対する個別的・共感的な理解です。（略）保育の世界では『カウンセリングマインド』と呼ばれています」（同上　p.40）とつづく。子どもの言動の「意味」を探ること、その子の内面の理解、「個別的・共感的な理解」、カウンセリングマインド、いずれも大切なことである。

　しかし、次のような妊婦健診（妊婦健康診査）に関するエピソードを読むと、理解しようとする私たちになにかが欠けているのではないかという問いが立ちあがってくる。

　　健診では診察の後、さらに別室で助産婦（当時）と向き合って

チェックを受けた。カルテを見ながら、助産婦は「体重がちょっと増え過ぎですね。このままだとしんどいですよ」などと"適切なアドバイス"をくれる。体重が増え過ぎるのも塩分を取り過ぎるのも運動不足も激しい運動も夫婦げんかも食べ過ぎも食べなさ過ぎも「おなかのあかちゃんによくない」と言われる。自信に満ちた助産婦の前で23歳の初産婦の私はあまりにも無力で、言われるがままだった。（社納　2015　p.161）

　助産婦は、「初産婦の私」に向きあい、カルテをみて対話しながら初妊婦である私を理解し、「おなかのあかちゃん」のために「適切なアドバイス」をしたことが想像できる。助産婦と私との関係には、「『専門職』と『素人』の圧倒的な"差"」（同上　p.162）があり、「妊婦側が圧倒的に『弱い』」（同上）。私が求めたのは、助産婦などの専門職の人たちが私と「同じ景色を見る」（同上　p.180）こと、すなわち「向き合う（チェックする）ことではなく、私と同じ方向を見ること」（同上　p.182）であった。向きあうことにより、私は専門職の人から評価や指導の対象とされ、そのうえで理解され、「私（困っている人──筆者注）に何が必要か」（同上　p.182）という適切なアドバイスを受けることになった。

　しかしそうではなく、私は専門職の人たちに、困っている人と同じ方向や景色をみること、すなわち評価や指導の対象という視点をいったん解除し、困っている人の傍らで、同じ方向や景色をみて、「自分（専門職の人たち──筆者注）が何をなすべきか」で判断し、行動してほしかったのである。そうすれば、「あまりにも無力で、言われるがまま」の、いたらない私へのかかわりも適切なアドバイスとは異なるものになったであろう。

　理解しようとする自分の立ち位置を見直して、理解される側の声や思いを聴くと、そこには、理解された安堵感や喜び、理解されない焦燥感やもどかしさ、理解されることへの圧迫感や恐れなどがあることに気づ

く。子どもを当初から保育や教育、援助や支援の対象として定位させ、自分自身と無関係なままに専門家然として客観的になされる理解では、気づくことができない理解される側の思いである。

　第4章にて、複数の私が他者とのかかわりあい（共同の営み）をとおして、各自の自己意識が形成されることを指摘した。子ども理解に引きつけていえば、子どもと、その子にかかわる人たちとのかかわりあいをとおして、理解しようとしている自分自身に気づくことが私の自己意識の形成につながる。そうすれば、その子に「何が必要か」だけではなく、「自分が何をなすべきか」という問いも生じてくる。以下、子どもの権利に関する条約⁽¹⁾（以下「子どもの権利条約」）をもとにして、上記の自己意識の形成、あるいは「自分が何をなすべきか」という視点から子ども理解を考えてみたい。

　まず、子どもの権利条約の条文中の主語である「締約国」とはだれなのかについて考えてみる。締約国の意味は「条約を批准、加入、あるいは継承している国」（unicef〈国際連合児童基金〉）である。しかし「自分が何をなすべきか」という視点に立つならば、締約国は「条約を批准、加入、あるいは継承している国の私たちおとな」と意訳する方がよいであろう。たとえば、「私たちおとな（締約国）は、（略）子どもに対してその福祉に必要な保護およびケアを確保することを約束し、この目的のために、あらゆる適当な立法上および行政上の措置をとる」（第3条2項）というように、である。保育行政・教育行政の最前線にいるのは、各学校園所で直接子どもとかかわる一人ひとりの保育者・教育者である。私たち保育者・教育者が子どもと「約束」したのであり、そのために子どもにたいしてあらゆる適当な「措置」をとるべきである。

　次に、第3条「子どもの最善の利益」についてとりあげる。鯨岡峻は、「子どもの最善の利益」という文言が、1989（平成元）年に国連で採択された子どもの権利条約にあるものと、日本国内の保育に関する行政文書に謳われているものとにおいて、かなりのずれがあると指摘す

る。すなわち「子どもの最善の利益」は「『子どもの立場に立って、子どもの権利を最大限に尊重する』というこの文言の本来の精神が背景に押しやられ、『大人の都合から見た子どものための最善の利益』へとその主旨がいつの間にかスライドさせられている」（鯨岡 2015　p.2）という。「大人の都合から見た子どものための最善の利益」とは、子どもを保育や教育、評価や指導、管理などの対象として定位していることであるといえる。そうではなく、その子どもを理解し、その子にとってもっとも善いこと、必要なことを考えるのが主眼となる。同時に、その子とその子にかかわる人たちと共に、その子を理解し、その子にとってもっとも善いこと、必要なことを考えようとしている自分自身を問い、そのうえで「自分が何をなすべきか」を判断し、行動することが肝要となる。

　最後に、第 12 条「意見表明権」における 1 項「自己の見解をまとめる力のある子ども」について考えてみたい。1 項には「締約国（ここでは「私たちおとな」に読みかえる）は、自己の見解をまとめる力のある子どもに対して、その子どもに影響を与えるすべての事柄について自由に自己の見解を表明する権利を確保する。その際、子どもの見解が、その年齢および成熟に従い、正当に重視される」とある。「自己の見解をまとめる力のある子ども」とはどのような子どもなのであろうか。

　保育士・教員養成の授業でこのように問うと、多くの学生が小学校高学年から中学生と答える。しかしこの子どもは、子どもの権利条約の子どもの定義である「18 歳未満のすべての子ども」をさすと応える。そうすると、学生からは「赤ちゃんはどのようにして自己の見解をまとめるのか」という疑問の声があがる。

　子どもの権利委員会（2005）では、「乳幼児は、話し言葉または書き言葉という通常の手段で意思疎通ができるようになるはるか以前に、さまざまな方法で選択を行ない、かつ自分の気持ち、考えおよび望みを伝達しているのである」と述べられている。そしておとなが「子ども中心

の態度をとり、乳幼児の声に耳を傾けるとともに、その尊厳および個人としての視点を尊重すること」や、「乳幼児の関心、理解水準および意思疎通の手段に関する好みにあわせて自分たちの期待を修正すること」などが指摘されている。

　つまり、乳児と保育者との具体的な行為を示すと、泣きや笑みなどの表情、言葉をかけたことへの反応、目線による訴えや手を伸ばすなどの行為による要求などから、保育者は乳児の気もちを推しはかる。そして乳児と保育者はその1つひとつの気もちを確認し、試行錯誤し、修正を加えながら、乳児の思いや考えを共につくっていく。その際もちろん、他の乳児や担当の保育者以外のおとなとのかかわりがその乳児の思いや考えをつくる大きな要因としてある。私たちおとなも、親しい人たちや尊敬・羨望を抱く人はもちろんのこと、そうではない人たちの言動に影響を受けながら、自分の思いや考えを形づくっている。

　このように考えると、子どもの権利条約第12条2項「この目的のため、子どもは、（略）聴聞される機会を与えられる」の中の「聴聞される機会」では、おとなの聴き方が問われていることになる。さらにいえば、子どもの話を聴く際に、おとながどのような子ども観を抱いているのかも問われる必要がある。たとえば、子どもの権利委員会が指摘するように、「乳幼児は、未発達であり、基礎的な理解力、意思疎通能力および選択能力さえない」（子どもの権利委員会2005　p.5）という子ども観は早急に改められなければならない。

　「意見表明権」の行使による「子どもの最善の利益」を追求する際には、専門家然として当該の子どもを自分自身と無関係なまま客観的に理解し、その子に「何が必要か」を考え、その子に能力をつけることや、行動変容を強いてはならない。当該の子どもを中心に据えて、その子にかかわる他の子どもやおとなたち、そして私と共にその子が思いや考えを形づくっていく中で、理解しようとする私を省み、「自分が何をなすべきか」を考え、判断し、行動していくことが望まれている。

2 納得できる配慮

　合理的配慮は、第6章で「『ともに学び、ともに育つ』ための対話」であると指摘した。これを受けて、合理的配慮とは「二者間であればお互いが、それ以上の人数であれば関係者それぞれが納得できる配慮」[(2)]と、もう少し意訳して考えてみる。そうすると、第4章の「お世話係のような子」と東田の関係は、お互いが納得できる配慮ではなかったといえる。お世話係のような子は先生に教えられたとおりに東田とかかわり、「あれこれ指示」し、「お世話」をしたのであるから、お世話係のような子や「満足そう」なおとなたちにとっては納得できる配慮であったであろう。それにたいして東田は、「とてもみじめ」で「みんなと比べて何もできない子だ」と思い知らされ、納得などできるはずがなかった。

　配慮にはしばしば善意がともなう。それゆえに、配慮する側は自分がどのような配慮をしているのかをなかなか省みることができない。お世話係のような子は善意に基づいて過剰に配慮し、東田へ「あれこれ指示」し、「お世話」をしたといえる。それでは、善意に基づく過剰な配慮がその相手を排除し、差別しているとしたらどうであろうか。

　たとえば、「障害がある子にはその子に応じたより専門的な教育、特別支援教育を！」と配慮することに問題はないのであろうか。その際、障害のある子どもの思いや考えは聴いてもらえているのであろうか。就学先の決定については現在、本人と保護者の意向が最大限尊重されることになり、障害がある子どもの思いや考えが聴かれ、普通学校を選べるようになった。それにもかかわらず、公費負担のつきそいや介助は自治体により異なり、保護者の介助や同伴を条件にする場合がある。本人と保護者の意向を最大限尊重するとしても、重い障害がある人ほど選択の余地も少なくなり、納得できるにはほど遠い。

　結局のところ、子どもが育つ場は、障害の有無や程度によって特別支

援学校か普通学校か、あるいは特別支援学級か普通学級かで分けられている（分離別学体制）。障害に応じたより専門的な教育の正当性を掲げ、障害の有無や程度によって子どもを分け、教育を受ける権利を保障するのは差別になる。子どもの権利条約第2条「差別の禁止」では、障害は、人種、皮膚の色、性などと併記されている[3]。人種や皮膚の色などで子どもを分けて教育することが差別であるように、障害によって子どもを分けて教育することも差別なのである。

　また、善意に基づく過剰な配慮は多くの人がおこなっている。保育士・教員をめざす学生から障害のある人とのかかわりについて相談を受けることがある。「障害がある人とどう接してよいのか、なにを話せばよいのか、わからない」「あとになって、本当にあのようなかかわりでよかったのかと反省してばかりです」などというように、である。重度の自閉症がある東田はこのような配慮してくれる人のかかわりについて、「一緒にいる人が当事者以上に考えてくれます。僕は、それが不思議でした」、あるいは「そんなに考えてくださって、とてもありがたいのですが、一緒にいてくださった人が疲れるのと同じくらい、実は僕も疲れているのです」といい、次のように述べる。

　　僕がいちばん望んでいるのは、みんなと同じ時間を共有することなのです。ありのままの僕を受け入れてくれるみんなも、ありのままの自分であってほしいと願っています。特別に僕を気づかうことなく、隣にいて、同じ場所で生きている幸せを実感してください。これは、もちろん僕を無視することとは違います。／自然体でいることは、相手の人格を受け入れ、認めてくれることだと思うのです。しかし、そのことが意外に難しいということに、僕は気づきました。（東田 2012 p.103）

「特別に僕を気づかうことなく、隣にいて、同じ場所で生きている幸

せを実感」してほしいと願っている障害のある人にたいして、それでも「あなたにはあなたの障害に応じた、障害のない人とは別の、より専門的な教育を受ける方がよい」と主張するのであろうか。

　また、「特別に僕を気づかうことなく、隣にいて、同じ場所で生きている幸せを実感」する中で、「初産婦の私」が助産婦などの専門職の人たちに望んだ「同じ景色を見る」、あるいは「向き合う（チェックする）ことではなく、私と同じ方向を見ること」もできるであろう。配慮する前には、配慮する相手を理解する必要がある。その理解は、理解しようとする自分を省み、「自分が何をなすべきか」をその人やその人にかかわる人たちと共に考え、判断し、行動していくことである。そこでは、「『ともに学び、ともに育つ』ための対話」が成立し、「二者間であればお互いが、それ以上の人数であれば関係者それぞれが納得できる配慮」がなされていくことになる。

　しかし、それは容易なことではない。東田も「自然体でいることは、相手の人格を受け入れ、認めてくれることだと思うのです。しかし、そのことが意外に難しいということに、僕は気づきました」と吐露している。対話や納得などの人間関係の本質をつくものである。さらに対話や納得を経て、「自分が何をなすべきか」を見出すのはさらに困難であるといえる。

　最後に、「自分が何をなすべきか」に関して、1980年代半ばの公立高等学校における教員と生徒とのエピソードを紹介する。その教員とは被差別部落の人たちや在日コリアンの人たちにたいする差別問題と反差別・人権尊重の教育に熱心にとりくんできた伊田哲朗である。またその生徒とは在日コリアンの生徒Kである。次のエピソードのあと、生徒Kは伊田がつないだ生徒たちと共に高校朝鮮人生徒の会で活動し、文化祭でチマ・チョゴリを着て民族舞踊を披露した。そして「理屈じゃなくて、『私は朝鮮人だ』という血が騒ぐのです」と自分の存在を根本からみつめ直した。

　Kとの出会いの中でこんなことがあった。話の途中でKが、「先生は日本人や。日本人に朝鮮人の気持がわかるんか。」と、すごい形相で返してきた。私は、「良心的な多くの日本人は、そう言われると何も言えなくなる。黙らして何をしたいんや。確かにわからないこともあるだろう。だからといって、初めからそういう言い方はないだろう……。」と返した。Kは、踊りの練習の合間に「あの時、先生が黙ってしまっていたら、先生を信用してなかった。先生が負けないで言い返してきたから、ちょっとちがうなと思った。」と告白してくれた。（伊田 1986　p.4）[4]

　伊田が在日コリアンの人たちの差別問題について生徒に語っている際に、生徒Kが伊田にたいして「先生は日本人や。日本人に朝鮮人の気持がわかるんか」といい放った。この時生徒Kはまだ他の在日コリアンの生徒とつながっておらず、民族舞踊を舞うこともチマ・チョゴリを着ることも未経験であった。在日コリアンの生徒の将来をみすえ、傍らにいて共に考えようとする伊田にたいし、生徒Kはまだみずからの将来をみすえるまでにいたっていなかった。それゆえ、在日コリアンである自分以上に在日コリアンの人たちの差別問題を語り、共にそれに抗うよう問いかける伊田に苛立ちをぶつけたのかもしれない。

　「先生は日本人や。日本人に朝鮮人の気持がわかるんか」と問いつめられて、なにをどのように受けとめ、何と応じるであろうか。どのように応じていいかわからずに黙ってしまうのか。それとも、「日本人に朝鮮人の気持ちがわかるんか」にたいして、何らかの理由をつけて「わかる」と応じようとするのであろうか。伊田は生徒Kの苛立ちを受けとめ、その苛立ちにたいして「自分が何をなすべきか」を問うように、生徒Kに「黙らして何をしたいんや」といい返した。苛立ちを覚えることは生徒Kの当事者意識の表れである。しかしその苛立ちがだれかを黙らせるために、あるいは従わせるために示されてはならない。伊田はその

ことを生徒Kに直截に問い返した。差別問題や反差別・人権尊重の教育をとおして生徒や教員、保護者や地域の人たちと共に、「自分が何をなすべきか」を問いつづけてきた伊田だからこその「言い返し」である。それによって、先の生徒Kの苛立ちは、実は自分自身に向けられるものであったことに気がついたかのように、伊田への「信用」となった。

　「『ともに学び、ともに育つ』ための対話」、あるいは「二者間であればお互いが、それ以上の人数であれば関係者それぞれが納得できる配慮」を重ねていくことは、衝突や対立、矛盾や抵抗などをともなう。それでも、それらがお互いの、関係者それぞれの自己意識を形成する契機、あるいは母胎であることに変わりはない。

③ 支え援けあう支援

　第4章の「お世話係のような子」は、先生から学んだことなどをとおして東田を理解し、善意に基づく配慮をもって東田とかかわり、「あれこれ指示」し「お世話」をするという支援をおこなった。もし東田が「とてもみじめ」で「みんなと比べて何もできない子だ」と思い知らされたことで、みんなと同じようにできないのは自分のせいだと思ったとしたらどうなっていたであろうか。

　また、「自信に満ちた助産婦」の前で、「あまりにも無力で、言われるがままだった」23歳の「初産婦の私」が、「体重が増え過ぎるのも塩分を取り過ぎるのも運動不足も激しい運動も夫婦げんかも食べ過ぎも食べなさ過ぎも」自分がしたことであるがゆえに、自分のいたらなさだけを責めたとしたらどうなっていたであろうか。

　そして、自分のせいだと思いつめる東田と初産婦の私の2人が支援する側のお世話係のような子や助産婦に「こんな私にたいしてお世話、支援してくれて、申し訳ない」と感じ、少しでも支援に沿うような応答を心がけるようになったとしたらどうであろうか。あるいは、「この人の

いうようにすれば、もっといい待遇をしてくれるかもしれない」などと考え、支援する人の顔色をうかがい、支援に従順になったとしたらどうであろうか。

さらに、支援する側も「私はこの人のためにやってあげているんだ」「この人には私が必要なんだ」「私がいなければこの人は困るんだ」「助けてあげている」などの気もちが知らぬ間に芽生えたとしたら、どうであろうか。

そうなったとしたら、もはや支援ではなく、支配である。そこには、「理解しようとする自分を省み、『自分が何をなすべきか』をその人やその人にかかわるおとなたちと共に考え、判断し、行動していくこと」、および「二者間であればお互いが、それ以上の人数であれば関係者それぞれが納得できる配慮」が欠けている。

今田高俊によると、「支援とは、何らかの意図を持った他者の行為に対する働きかけであり、その意図を理解しつつ、行為の質を維持・改善する一連のアクションのことをいい、最終的に他者のエンパワーメントをはかる（ことがらをなす力をつけること）である」（今田2000　p.11）と定義される。支援は「最終的に他者のエンパワーメントをはかる」ものであって、支援される者がみずからを否定的にとらえ、支援する者へ過剰な感謝の念を抱き、従属するようなことではない。支援する―支援されるの関係には、人間関係を支配と従属の関係に転化する権力性が潜んでいる。この点については、厚生労働省（2011）においても、「障害支援」の専門家が配慮すべき事項として「エンパワメント」と「アドボカシー」が掲げられ、支援と被支援の関係が一方的なものにならないよう留意することが示されている。

それでは、支援が支配に転化しないためにはなにが必要であるのか。第4章で明らかにしたように、私は他者の存在と他者とのかかわりによって育つものであった。支援する側の倫理観や責任感、あるいは専門性などの個人の能力やスキルを向上させるとりくみでは効果は薄い。そ

れらの倫理観や能力などは、他者の存在と他者とのかかわりに応じて顕在化も潜在化もする。関係の中で人と人が「支えあう」という観点から「支援」のあり方を考える村田観弥は、三井さよの「〈場〉の力」を参照して、「葛藤できる『場』の構築」を提唱する。

　三井は「一人ひとりのケア提供者の配慮は、それ自体はささやかなことにすぎず、単独ではその人をケアすること」にならず、「それらが積み重なっていくことが、一人の限界を超えて力」になり、「人だけでなく、風景や夕食の音など、さまざまなものが〈場〉の力を構成する」（三井 2012　p.16）という。

　場は、たんなる集団ではなく、一人ひとりの利用者、患者、ケア提供者などのさまざまな「ひと・もの・こと」によって構成されている。そういう場では、たとえば、ケア行為だけに注目して立ち止まってしまう状況にたいして、重要なブレークスルーになるという。誠実であろうとするケア提供者は眼前の利用者への理解がうまくいかない時、無力感や疲労感におそわれる。そしてその利用者を「困難な事例」とみなし、その利用者へのケアの提供を「困難な状況」として否定的にとらえかねない。そのような時に、ケア行為あるいはケアの視点をいったん解除し、さまざまな「ひと・もの・こと」から構成される場の視点に立つことにより、それまでとは異なる具体的な試行錯誤の道が開かれる。村田は場のありようを次のように説明する。

　　強い絆や関係でなくて良い。それらはむしろ関係を固定化する可能性がある。常に繋がる状態は、固定的関係となる危険性を孕む。相手への配慮や気遣いは、四六時中必要ない。少し声を掛けるだけで良い。無関心でないことを伝えること、「気にかけているよ」「あなたのことを見ているよ」と言葉に出さなくてもそれが伝われば良い。時折、関係が繋がり、関わりが見えたり見えなかったりする。問題を共有できていれば、本当に困った時に声を掛け合い、手を差し伸べられ

る。多くの交通により、関係の網の目というネットを張り巡らす。常
態化した特定の人との強いつながりではなく、繋がっているかどうか
わからないぐらいの心許ない関係ではあるが、いくつもの異なる質の
関係が人の周りにたくさんあることが大切である。一重のネットでは
なく、縦に横にも繋がること。関係が一時的に切れ、離脱しても帰っ
て来られる環境にすること。境界を跨ぐ出入りも簡単にする。それだ
けでもセーフティネットになる。誰かに身を開くことを強いるのでは
ない。強さを求めるだけでは限界がある。何でも話せる雰囲気や「だ
らしない中でも緊張感がある」。そういう関係を作る「場」の中で仲
間たちと共に専門家は専門家として育てられる。(村田2018　p.210)

　支援は教育や福祉の専門家の行為に限定されず、私たちの暮らしの中
にある「支え援ける」という日常的な行為である。この点から最後に、
「地域養護活動」(実践する人たちの造語)にとりくむ旧沢内村の人たち
を紹介しよう。岩手県和賀郡の旧沢内村は2005(平成17)年に隣接す
る町の1つである旧湯田町と合併し、西和賀町になった。1961(昭和
36)年に全国ではじめて60歳以上の人と乳児の医療費無料化制度を導
入したことで知られる。子どもを、護り育てるという保護の対象として
だけでなく、ひとりの人間として権利行使の主体、参加・参画の主体と
してとらえ、その権利を保障することをさまざまな事業で具現化してき
た。

　なかでも、生命尊重を基底にした地域養護活動は、「理解しようとす
る自分を省み、『自分が何をなすべきか』をその人やその人にかかわる
おとなたちと共に考え、判断し、行動していくこと」、および「二者間
であればお互いが、それ以上の人数であれば関係者それぞれが納得でき
る配慮」のある支援、あるいは村田が提唱する「葛藤できる『場』」を
考えるヒントになる。

　地域養護活動は、「普段、生活している児童養護施設から離れた地域

で、施設の子どもが、施設職員と地域住民等と共に、その地域ならではの暮らしを経験できるよう、おとなたちが協働して子どもを養護する諸活動のこと」（井上・笹倉 2017　p.24）である。そこには、地域養護活動を経験した児童養護施設の子どもが「他者のちからを借りるとなんとかなるかもしれない、困ったときには他者に助けを求めればよい」（同上　p.125）という気もちや行動様式を醸成する様子が描かれている。ここでは、旧沢内村の地域養護活動をとおして見出されている地域養護活動が可能になる地域住民の行動様式としての地域社会の質（下記引用の（1）～（6））についてのみ紹介する[5]。

　　住民の行動様式としての地域社会の質を勘案すると、旧沢内村で困難に陥った地域住民は、「（1）自ら発信することが大事である」ため、まず困難を周りに伝える。すると、「（2）他人事にしない・されない」、「（3）みんなで考える」ため、周りの人が集まってくることになる。そして集まってきた人たちは、「（4）憶測で物事を決めない」から、その人の困難の要因を探り、その要因を少しでも取り除くために「（5）無理をしすぎないでおこなう」べく、自分にできることに着手し「（6）役に立つものは活用する」ので、可能な限りの方法を駆使する。その結果、困難が少しは緩和されていくことを経験するのであろう。（同上）

　地域にはもともと「支え援けあう」慣習や組織があった。子供組や若者組、青年団や婦人会、結（共同作業など）や講（参拝や観光などの費用を積み立てあう団体）などである。もちろん、それらの慣習や組織には排除や抑圧などの負の面もあり、すべてを肯定することはできない。しかしそれらが、「問題が起こらないように監視するのではなく、問題が起こるもんだと思って起こった問題をいっしょに考えて解決するための組織」（森川 2016　p.62）であり、そこには「厳しい自然環境の下では、

誰もが様々な困難に直面し、誰もが個人の力だけでは暮らしを維持することができないから助け合うのは必然であるという世界観」（井上・笹倉 2017　p.135）があった。

　このような組織やその世界観に基づいた〈わかちあい〉のありようが早急に想像・創造されなければならない。とくに、昨今の教育や福祉の領域における地域ネットワークが「往々にして、問題が起こらないように人々を管理したり監視したりするしくみとなり、人々の暮らしを息苦しくさせている」（同上）のならばなおさらである。

《注記》
(1)　日本語訳には、国際教育法研究会訳を用いた。
(2)　合理的配慮の英訳は、reasonable accommodation である。reasonable には、合理的のほかに、正当な、公平な、ほどよい、納得できる、などの意味がある。
(3)　子どもの権利条約第 2 条「差別の禁止」では、「締約国は、その管轄の内にある子ども一人一人に対して、子どもまたはその親もしくは法定保護者の人種、皮膚の色、性、言語、宗教、政治的意見その他の意見、国民的、民族的もしくは社会的出身、財産、障害、出生またはその他の地位にかかわらず、いかなる種類の差別もなしに、この条約に掲げる権利を尊重しかつ確保する」と述べられている。
(4)　伊田の教育活動をまとめたものとして、伊田・井上・齋藤・ほか（2008）を参照されたい。
(5)　具体的な活動の経緯や内容、事例等については、井上・笹倉（2017）を参照されたい。

《引用・参考文献》
井上寿美・笹倉千佳弘編著（2017）『虐待ゼロのまちの地域養護活動——施設で暮らす子どもの「子育ての社会化」と旧沢内村』生活書院
伊田哲朗（1986）「公立高校における朝鮮人生徒の位置」兵庫県神戸同和教育第 15 回研究大会社会認識部会報告
伊田哲朗・井上寿美・齋藤尚志・ほか（2008）「部落解放教育をめぐるエトスの研究」　ひょうご部落解放・人権研究所『研究紀要』14　pp.3-116
今田高俊（2000）「支援型の社会システムへ」　支援基礎論研究会編『支援学』東方出版　pp.9-28
鯨岡峻（2015）『保育の場で子どもの心をどのように育むのか——「接面」での心

の動きをエピソードに綴る』ミネルヴァ書房

厚生労働省（2011）「障害者相談支援ガイドライン作成とその効果的な普及・活用方策のあり方検討事業報告書」　https://www.mhlw.go.jp/bunya/shougaihoken/cyousajigyou/dl/seikabutsu7-1.pdf（2020年11月30日）

子どもの権利委員会（2005）一般的意見7号「乳幼児期における子どもの権利の実施」　https://www.nichibenren.or.jp/library/ja/kokusai/humanrights_library/treaty/data/child_gc_ja_07.pdf（2020年11月30日）

社納葉子（2015）「第8章　『支援』とは何か」　井上寿美・笹倉千佳弘編著『子どもを育てない親、親が育てない子ども――妊婦健診を受けなかった母親と子どもへの支援』生活書院 pp.158-182

東田直樹（2012）『風になる――自閉症の僕が生きていく風景』ビッグイシュー日本

三井さよ（2012）「第1章〈場〉の力――ケア行為という発想を超えて」　三井さよ・鈴木智之編著『ケアのリアリティ――境界を問いなおす』法政大学出版局 pp.13-45

村田観弥（2018）『障害支援と関係の教育学――専門性の権力をめぐって』生活書院

森川すいめい（2016）『その島のひとたちは、ひとの話をきかない――精神科医、「自殺希少地域」を行く』青土社

渡邉英則・髙島景子・大豆生田啓友・ほか編著（2018）『新しい保育講座1　保育原理』ミネルヴァ書房

子どもの育ちと社会

現在ではさまざまなところで自立が求められるようになりました。あなたは自分がどのようになった時に自立したと思いますか？

施設を退所した社会的養護経験者

　私の勤務する児童養護施設にノゾミがやって来たのは4歳の春である。その当時のことはほとんど覚えていないそうだが、施設の大きな桜の木が満開であったことと、調理場の横を通った時においしそうなカレーのにおいがしたことは覚えているという。

　はじめて施設に来た日というのは、不慣れな場所で、まったく面識の

ない職員や子どもと出会う日である。たいていの子どもは不安げな様子をみせるものであるが、ノゾミは少し違っていた。ノゾミは、施設に来てひとりぼっちでなくなったことに安堵したのかもしれない。ノゾミは母子家庭で育ち、母親が昼夜を問わず、幼いノゾミをひとり家に残して出かけることがたびたびあったと聞いている。

　ノゾミは、桜が満開だったその日から、高校を卒業し措置解除となるまでのおよそ15年間をこの施設で過ごした。15年間で母親がやって来たのは、5歳になった時の施設の運動会と、小学校の入学式のわずか2回である。もちろん母親から何度か電話がかかってくることはあった。そのたびに母親はノゾミに「また会いに行くからね」と告げるのだが、その約束が果たされることはなかった。ノゾミが施設に来てからも、母親の生活態度に変化はなく、ノゾミの自宅復帰の可能性は限りなくゼロに近かった。

　このように母親との関係に厳しさはあったが、穏やかな性格のノゾミは、施設や学校で人間関係のトラブルを起こすことはなかった。幸い、小学3年生の夏から週末だけ里親さんのところへ定期的に行くようになり、里親さんとも安定した関係を築くことができていった。

　中学校を卒業したノゾミは、地元の公立高校に進学した。この施設では、高校生を対象として自立に向けたさまざまなとりくみをおこなっている。まず高校生になると、施設の敷地内にあるグループホームに移る。掃除や洗濯などの生活スキルを身につけることはもとより、自律的な生活ができるようになるためである。遅刻しそうな時間まで寝ていても、職員はあえて起こしに行かない。学校へもって行くお弁当を自分でつめるために、これまでよりずっと早起きする必要があった。小中学生のように、細かな日課に縛られなくなるが、徹底した自己管理が求められた。その他、高校生を対象に、いわゆるソーシャルスキル[1]の修得に向けたとりくみを実施してきた。職員が講師となり、役所での住民票の取得方法や銀行での預金通帳のつくり方、振込の仕方など、社会生活

における諸手続きを学ぶ機会を設けてきた。また企業の協力を得て開催される、敬語の使い方や電話のかけ方などのビジネスマナーや、フランス料理や中華料理などの食事マナーを学ぶプログラムへの参加もうながしてきた。

　高校3年生の秋、ノゾミは地元の小さな食品会社へ就職することが決まった。うどんやそばの製造をおこなっている社員20人程度のアットホームな会社である。社長と里父さんは中学の同級生で、社長の温厚な人柄をよく知っている里親さんは、ノゾミならきっとこの会社でもうまくやっていけるだろうと、就職を心から喜んでくださった。

　高校の卒業式が終わった3月末、15年前のあの日と同じように満開に咲き誇った桜に見送られて、ノゾミはこの施設での生活にピリオドを打った。アパートでひとり暮らしを始めるノゾミのために、里親さんから炊飯器がプレゼントされた。茶碗やお箸、洗面器などの生活用品は、施設の担当職員といっしょに買い物に行って揃えた。ひとり暮らしの準備も整い、安心できる就職先や里親さんの見守りなど、社会人としてノゾミのスタートはスムーズな滑りだしであった。

　4月半ば、偶然、駅でノゾミと出会った。ノゾミの話では、工場のルールや仕事のすすめ方など覚えることが多くて大変であるが、1つひとつ先輩から丁寧に教えてもらえるということであった。また休憩時間は、みんなでいっしょにお菓子を食べたり世間話をしたりするなど、年齢差を超えて和やかな雰囲気に包まれることなどをうれしそうに話してくれた。

　ところが桜の花が散り、若葉が目にまぶしく感じられるようになった4月末の月曜日の朝、食品会社の社長から直接、施設に電話があった。ノゾミが無断で仕事を休んでおり、電話をかけてもつながらないという。まじめなノゾミであっただけに、連絡もせず会社を休んだということが信じられなかった。心配になってすぐさまノゾミのアパートに向かった。インターフォンを押しても返事がない。玄関のドアをノックし

ても返事がない。どうしたものかと途方に暮れ、ふと玄関の横に目をやると、窓が少し開いていて鍵がかかっていないことがわかった。ためらいがないわけではなかったが、最悪の事態を想定すると、プライバシーの尊重などといってはおれない。思いきって外から窓を開け、部屋の中にいるはずのノゾミに呼びかけてみた。私の声であることがわかったのであろう。ノゾミは驚いて窓のところまでやって来た。青白い顔をして生気が感じられなかった。

　窓越しでは十分に話ができないので、玄関の鍵を開けてもらい家の中に入った。金曜日の夜から食事が喉をとおらずベッドに伏していたという。ここまで憔悴してしまったきっかけは、金曜日に会社で起こったある出来事であった。社長に急な来客があり、たまたまいつも来客対応をしている事務員さんが不在であったため、ノゾミは社長からお茶を出すように頼まれたらしい。急須にお茶の葉を入れてポットのお湯を注ぎ、それを今度は湯のみに注ぎ、その湯のみを茶托の上にのせてお盆を使ってお茶を出す。ノゾミはこの工程がイメージできなかった。そのため、いつまでたってもお茶を出すことができず、社長に注意を受け、その後、食事も喉をとおらず会社に行けなくなってしまったのであった。

さらに考えてみよう！

ノゾミは、会社で来客にどうやってお茶をだせばよいかわからなくて社長に注意を受けてしまいました。なぜ来客へのお茶のだし方を周りの人に尋ねなかったのでしょうか？

困った時に頼ること

　児童相談所による児童虐待相談対応件数は、2018（平成30）年度、159,838件で過去最多を更新した。その内訳は、心理的虐待88,391件（55.3％）、身体的虐待40,238件（25.2％）、ネグレクト29,474件（18.4％）、性的虐待1,730件（1.1％）となっている。少子化にもかかわらず、児童虐待防止法施行前の1999（平成11）年度に比べ13.7倍の増加である。もちろん、このような虐待相談対応件数の増加は、虐待にたいする社会的な理解や関心が高まってきたこととも無関係ではない。以前なら虐待として認知されなかったケースが虐待であると認知されるようになった

からである。しかしその分を差し引いても顕著な増加が認められる。

　そのような中、保護者のない児童、被虐待児など家庭環境上養護を必要とする児童などにたいし、公的な責任として、社会的に養護をおこなっている対象児童（以下「社会的養護児童」）は、44,258人（2018〈平成30〉年度）である。これらの子どもは、里親やファミリーホームの家庭養護、もしくは、児童養護施設や児童心理治療施設、児童自立支援施設や母子生活支援施設などの施設養護のもとで暮らしている。

　しかし、虐待相談対応件数と社会的養護児童数には大きな隔たりがある。もちろん2018年度に社会的養護児童としてカウントされている子どものすべてが2018年度に児童相談所によって虐待相談対応がなされたわけではない。しかし両者の数字が大きく隔たっていることから、虐待相談対応の対象となった子どもの多くが、親子分離されることなく、そのまま家で親といっしょに暮らしていると推察される。

　したがって学校園所の教職員には、たとえ近隣に児童養護施設がなくても、虐待を受けた子どもが、勤務する学校園所に通っている可能性があるという自覚が求められる。なぜなら学校園所には、虐待相談対応はおこなわれたが施設や里親に措置されなかった子ども、一時保護所で一時保護されたあとに家庭に戻った子ども、児童養護施設などを退所して家庭復帰した子どもなど、要保護児童対策地域協議会[2]の見守り対象として虐待のハイリスク要因と背中あわせで暮らしている子どもが少なからずいるからである。

　東京都福祉保健局（2011）によれば、社会的養護経験者のその後の暮らしは、さまざまな困難に直面しやすく、破たんする可能性がきわめて高いと指摘されている。社会的養護経験者とそうでない者を比較すると、社会的養護経験者の方が正規雇用の割合は低く、退所後に就いた仕事を1年未満でやめる割合は高い。生活保護受給率も高い。

　ブリッジフォースマイル調査チーム（2018）によれば、厚生労働省による貸付制度や文部科学省による給付型奨学金制度の拡充などにより、

施設退所後に大学などに進学する者が 30％にまで増えてきているが、進学後の中退者数や中退後の無職率は社会的養護経験者の方が高いと指摘されている。また、高卒で就労した者の離職率については差がなくなってきているものの、アルバイトや友だちの紹介で安易にみつかる仕事など、キャリア形成につながらない仕事に就くことが多いと考えられている。

　社会的養護経験者の離職理由のトップは「仕事自体への不満」であり、次に「職場の人間関係に対する不満」とつづく。施設退所後にもっとも困ったことは、「孤独感・孤立感」である。このようにみてくると、食品会社の社長と施設職員の連携や機敏な行動や判断がなければ、ノゾミも出社拒否から退職、そして場合によっては生活保護受給へとつながったかもしれない。

　それではなぜ、和やかな人間関係が築かれているアットホームな会社であったにもかかわらず、ノゾミは周りの人にお茶の入れ方を尋ねて来客にお茶をだすことができなかったのであろうか。社会的養護経験者の語りを聴いてみよう。

　　他と違う育ち方をしたという自分自身のコンプレックスが邪魔をして、「自分は普通ではない」と思い込んでしまい、友人や上司、同僚とうまく話せない。(塩尻 2013　p.39)

　　基本的に「誰かに相談する」という考えがないため、全部自分で解決しようとしてしんどいときもあった。相談の仕方がわからないので相談しないのだが、相手からみると「相談してくれない」「いってくれればよかったのに」ととられてしまい、相手が傷つくケースもある。(全国社会福祉協議会 2009　p.142)

　　拒絶されるのが怖いから頼めず、相談せず自分でやろうとし、失敗

する。まわりの人は「相談してくれれば失敗しなくてすんだのに」というが、次もやはり自分でやろうとする。（同上）

　これらの語りからは、無条件で自分を愛してくれるはずの親から愛された経験の乏しい社会的養護経験者にとって、他者を信じ、他者に頼るのはきわめてむずかしいことであるとわかる。そのため来客へのお茶のだし方がわからない時に、それがたんなる経験不足であるとは思えず、施設で育ったというコンプレックスがかき立てられる。だれにも頼ったことがないから相談の仕方がわからない。拒絶されるのが怖いから相談できない。おそらくノゾミも、このような思いにとらわれてしまい相談できなくなっていったのであろう。

　庄司順一は、自立を「経済的自立」「心理的自立」「社会的生活の自立」の３つに分けて次のように論じている（庄司2007　pp.232-233）。経済的自立とは、「就労し、生活のための費用を自ら得ることができること」である。それを継続するためには、職業にかかわる知識や技術を身につけ、仕事に喜びを見出せることだけでなく、「遅刻しないこと、挨拶すること、分からないことは人にきけること、失敗したら謝れること、人間関係のトラブルにある程度耐えられること」などが必要である。

　心理的自立とは、「自分で考え、判断しながら生活を営み、困ったときには助けを求めることができること」である。それを達成するためには、「孤立しないこと、困ったときに援助してくれる人を持つこと、困ったときにはSOSを発信できること」が重要である。社会的生活の自立とは、「食事、洗濯、掃除など、日々の生活の営みを自分の力でなしとげられること」である。そのためには具体的な多くの知識や生活スキルが必要になるが、「あらゆることに通じている必要はなく、困ったときに、どこへ行って、だれにたずねればよいかが分かっていれば対応」できる。

　庄司が考える自立には、困った時には他者に、尋ねる、助けを求める、SOSを発信する、などのように、他者に頼ることが含まれている。

　ノゾミの施設では、社会に出てから困らないように、ソーシャルスキルの修得に力が注がれていた。そうであるからといって、困った時に他者に頼ることが否定されていたとも考えられない。このことは、先に紹介した、他者を信じ、他者に頼るのがむずかしいと吐露していた、社会的養護経験者が暮らしていた施設においても同様であろう。

　ノゾミだけが他者に頼ることができなかったのではない。社会的養護経験者に関する調査や、かれらの語りにみられるように、社会的養護経験者の多くが、多少の差はみられても、類似の傾向にある。おそらくそれは、他者に頼ってもよいと思っていても、そのようにふるまうことが困難であるからに違いない。

　庄司のいう自立には他者に頼ることが含まれていた。自立は、他者に頼っても可能である。私という存在が他者の存在と他者とのかかわりを前提とするように、自立は、他者とのかかわりの中で実現する。そうであるならば、社会的養護経験者の自立が困難となっている原因を、かれらの側にあるとして、かれらにのみ改善の努力を求めてよいのであろうか。かれらにのみ努力を強いるようなことでは決してない。施設を退所したかれらが、困った時に安心して他者に頼ることのできる社会は、社会的養護経験者以外の人たちにとっても求められているに違いない。問われるべきは、私たちが生きている社会のありようそのものである。

《注記》
(1) ソーシャルスキルとは、「対人場面において相手に適切に反応し、自分の目的を効果的に達するために用いられる言語的・非言語的な対人行動」（相川2007 p.123）の総称である。準拠する社会集団によって要求される内容やレベルが異なる。社会的養護の現場では、リービングケア（施設退所に向けての準備にかかわる援助）の中で子どもが施設退所後の社会生活に困らないようにするための生活分野全般のスキルとして用いられてきた。天羽（2002）や藤川（2012）を参照

されたい。

(2)　要保護児童対策地域協議会とは、児童福祉法に基づく要保護児童（「保護者の
　　ない児童又は保護者に監護させることが不適当であると認められる児童」〈第6
　　条の3第8項〉）、要支援児童（「保護者の養育を支援することが特に必要と認め
　　られる児童のうち要保護児童にあたらない児童」〈第6条の3第5項〉）、特定妊
　　婦（「出産後の養育について出産前において支援をおこなうことが特に必要と認
　　められる妊婦」〈第6条の3第5項〉）などに関して、早期発見や適切な保護のも
　　とで支援を図るために関係者間で情報交換や支援の協議をおこなうことを目的と
　　して児童福祉法第25条の2に位置づけられた機関である。2016（平成28）年に
　　要保護児童対策地域協議会へ登録された子どもの数は、要保護児童135,534件、
　　要支援児童78,685件、特定妊婦4,785件である。

《引用・参考文献》

相川充（2007）「第7章　ソーシャルスキル」　坂本真士・丹野義彦・安藤清志編
　　『臨床社会心理学』東京大学出版会　pp.123-140

天羽浩一（2002）「児童養護施設における自立支援とリービングケア」『福祉社会学
　　部論集』（鹿児島国際大学）21（2）　pp.21-34

塩尻真由美（2013）「アフターケア──より多くの人たちとつながっていくための
　　当事者活動」『子どもと福祉』6　pp.37-41

庄司順一（2007）「社会的援助を必要とする子どもの自立支援」　高橋重宏監修『日
　　本の子ども家庭福祉──児童福祉法制定60年の歩み』明石書店　pp.232-233

全国社会福祉協議会（2009）『子どもの育みの本質と実践』

東京都福祉保健局（2011）『東京都における児童養護施設退所者へのアンケート調
　　査報告書』

藤川澄代（2012）「自立を支える取り組み──SST（ソーシャル・スキル・トレー
　　ニング）を活用したプログラムの導入」『世界の児童と母性』72　pp.41-47

ブリッジフォースマイル調査チーム（2018）「全国児童養護施設調査2018　社会的
　　自立と支援に関する調査」　https://www.b4s.jp/_wp/wp-content/uploads/2018
　　/12/554df29f75614095e2a9300902d49e7b.pdf（2020年12月12日）

第10章

「責任を担う」ってどういうこと？

考えてみよう！

クラス内でのいじめにより学校に行けなくなっていた子どもが保健室登校ができるようになりました。もしあなたが担任であれば、その子にどのような言葉をかけますか？

学校の全教職員によるいじめ対応

「またやられた」。心臓の音が周りに聞こえたのではないかと思えるほど、胸がドクンとした。顔が引きつりそうになるのを必死でこらえ、半分開いたままになっていた筆箱をなにもなかったかのように机の上に置いた。幸い周りの子たちは、座席近くの子たちと談笑していて、この出来事に気づいていないようであった。だれにも悟られていないことを確

認し、おそるおそる筆箱の中をのぞくと、シャープペンシルとモノサシが真っ二つに折れていた。このようなことは、ヒカリにとってはじめてではなかった。数週間前も、今日と同じように体育の授業を終えて教室に戻り、次の時間に使用する英語の教科書をとりだすと、表紙に赤いマジックで「うざい！」と書かれていた。なくなった上履きが教室のごみ箱から出てきたこともあれば、リコーダーが分解されてバケツの中に放りこまれていたこともあった。

　中学2年生になってからヒカリは、自分がいじめの標的にされていると感じていた。本来なら、真っ先に担任の先生に相談すべきことなのであろう。しかし、もし担任に相談したことをいじめている子どもたちに知られたら、さらにいじめがエスカレートするかもしれないと思うと、怖くて相談できなかった。とはいえ、身体は正直なもので、やがて朝、学校に行こうとすると、本当にお腹が痛くなり、学校を休む日が増えていった。

　親にも学校に行けない理由は話せなかった。しかしこのまま不登校になることを心配した親が担任に相談し、ヒカリはスクールカウンセラー（以下「SC」）のもとへ足を運ぶことになった。そこではじめて、いじめのことやいまの気もちについて話すことができた。再び持ち物がなくなったり壊されたりする不安、いまは持ち物への危害で済んでいるが、次は直接、自分に危害が及ぶかもしれない怖さ、教室内の出来事なのでだれかがみていたかもしれないのに、みんな知らないふりをしているのではないかという猜疑心、このように友だちを信じられなくなった自分への嫌悪感、学校を休むと授業についていけなくなる焦りなど、つらかった思いが一気にあふれ出た。

　しかし何度かSCに話を聴いてもらうと、保健室登校ができるようになった。そしてSC立ちあいのもとで、担任にも話ができた。ヒカリの話を聞いた担任は、「犯人を必ずみつけて責任をとらせるから大丈夫だ」と力強くいった。SCとの面談後は、少し気もちが軽くなるのに、担任

と話をしたこの日は、気もちがざわついた。犯人がみつかったからといって傷ついた気もちが回復するわけではないし、そもそも「犯人」ってどういうことなのか。これまで担任のことは、とくに嫌いというわけではなかった。しかしクラスメイトを「犯人」呼ばわりし、「責任をとらせる」といった担任のことが信じられなくなった。このように担任にたいしてはかなり失望することになったが、保健室登校については順調であった。保健室で本を読んだり、各教科の先生から渡されたプリントの課題を自習したり、時折、保健室を訪ねてくれる仲のよい友だちと談笑できるのは楽しかった。

　保健室登校を始めて 1 か月が経った頃、ヒカリの様子をみにきた担任が今度は、「友だちが待っているから早く教室に戻っておいで」と明るくいった。この 1 か月の間にヒカリの中にも教室に戻りたいという思いが芽生え始めていた。しかし担任の言葉が引き金となり、教室に戻りたいという気もちは一気に失せてしまった。自分のつらさをまったくわかってくれない担任への不信感が募るばかりであった。保健室登校で仲良くなった養護の先生には何でも話せるようになっていたので、ヒカリは正直に、担任の言葉を聞いて、ますます担任が信じられなくなったこと、担任には会いたくないことを告げた。

　数日後、保健室を訪れた生徒指導の先生から次のような話があった。

　ヒカリと同じようにつらい思いをしている子がいるかもしれない。先生たちはそう考えて、全校生徒にたいして、いじめに関するアンケート調査をおこなった。もちろんそのアンケートでヒカリのことについて少しでもなにかわかればよいと思っていた。でも結局、ヒカリに関することはなにもわからなかった。ヒカリがつらい思いをしていたことに気づけなくて申し訳なく思う。今週の職員会議で、ヒカリが希望するならカバンを職員室で預かることもできるのではないかという話になった。登校したら 1 時間めの授業で使うもの以外はカバンご

と職員室に預けてみてはどうだろうか。1時間めが終わったら、2時間めの授業に必要なものを職員室にとりにくればいい。面倒だろうけど、もしヒカリがそれでもよいというのであれば、ヒカリの持ち物は、この学校の先生たち全員で守るから。

　生徒指導の先生と話をした次の月曜日、登校したヒカリは職員室にカバンを預け、保健室ではなく教室に向かった。ヒカリの持ち物に危害を加えていたのがだれであったのかはわかっていない。しかしヒカリは再び、教室でみんなといっしょに学ぼうと思えたのであった。

さらに考えてみよう！

ヒカリは、「責任をとらせる」「早く教室に戻っておいで」という担任の言葉に安心できず、むしろ不信感を募らせました。なぜそのようになったと思いますか？

積極的な関与者になること

いじめが教育問題として位置づけられるようになったのは 1980 年代半ば以降のことである。学校で人格を傷つけるような陰湿な事件が起こり、傷つけられた子どもがみずから命を絶ったこと [1] で、教育関係者は、これまでのような集団内のいざこざや悪ふざけとは明らかに異なる事態が学校現場で進行していると認識させられるようになった。

文部科学省は 1985（昭和 60）年度から現在にいたるまでいじめに関する認知件数の統計をとりつづけているが、いじめのとらえ方は、時代によって変更が加えられてきた。1986（昭和 61）年度には、いじめが

「①自分より弱い者に対して一方的に、②身体的・心理的な攻撃を継続的に加え、③相手が深刻な苦痛を感じているものであって、学校としてその事実（関係児童生徒、いじめの内容等）を確認しているもの。なお、起こった場所は学校の内外を問わないもの」と定義されていた。いじめか否かの判断ができるのは学校であると考えられていた。

　その後、1994（平成6）年度には、いじめの定義から「学校としてその事実（関係児童生徒、いじめの内容等）を確認しているもの」という文言が削除され、「個々の行為がいじめに当たるか否かの判断を表面的・形式的に行うことなく、いじめられた児童生徒の立場に立って行うこと」とされた。しかし「自分より弱い者に対して」という文言は残されたままとなり、いじめが「集団内の相互作用過程」（森田・清永 1994 p.45）においてパワーゲームのように起こるものであるととらえられてはいなかった。

　2006（平成18）年度には、いじめの定義が、「当該児童生徒が、一定の人間関係のある者から、心理的、物理的な攻撃を受けたことにより、精神的な苦痛を感じているもの」と大幅に変更された。ようやく「実態により近い定義」（尾木 2007 p.16）になった [2]。その後、いじめ防止対策推進法の施行にともない、2013（平成25）年度には、いじめの定義が、「児童生徒に対して、当該児童生徒が在籍する学校に在籍している等当該児童生徒と一定の人間関係のある他の児童生徒が行う心理的又は物理的な影響を与える行為（インターネットを通じて行われるものも含む。）であって、当該行為の対象となった児童生徒が心身の苦痛を感じているもの」と変更された。

　以下では、森田洋司らの「いじめ集団の四層構造論」[3]（森田・清永 1994 pp.46-52）に依拠してヒカリが経験したことについてみていきたい。いじめ集団の四層構造論では、いじめ [4] は、「いじめっ子（加害者）」と「いじめられっ子（被害者）」という関係の中だけでなく、集団構造の中で起こるものとしてとらえられている。いじめ集団は、「加害

者」「被害者」「観衆」「傍観者」という四層構造から成り立っていると
される。観衆というのは、いじめを「はやしたてておもしろがって見て
いる子ども」であり、傍観者というのは、いじめを「見てみぬふりをし
ている子ども」である。観衆と傍観者は、いじめを「抑止する重要な要
素」にもなりえるが、多くの場合、観衆は「加害者にとっていじめを積
極的に是認してくれる」存在となり、傍観者は「いじめを黙認し、いじ
めっ子を支持する」存在になるという。

　ヒカリは、持ち物に危害が加えられるという物理的ダメージを負い、
そのことで学校に行けなくなるぐらいの心理的ダメージを負っていたの
であるから、いじめの被害者である。おそらく直接的な危害を加えてい
たのは一部の子どもであろうが、教室の中で起こっているのに、いつも
その場にだれも居合わせたことがなかったとは考えにくく、観衆や傍観
者の存在が推察される。しかし、学校がおこなったいじめに関するアン
ケート調査でも、目撃情報は得られなかった。クラスメイトは、ヒカリ
が「弱い者」であるからいじめの標的になっているのではなく、微妙な
パワーバランスの中で標的になっていることを感じとっていたのであろ
う。観衆や傍観者の立場にいる者が、抑止力としての動きをみせれば、
かれら自身がたちまちクラスの中で浮きあがる。また、いじめの事実を
教員に告げれば、「仲間を売る」ことになる。今度は自分がいじめの標
的にされるかもしれないと思うと、だれもがそのような危険を犯したく
ないと考えていたに違いない。

　ヒカリは、なぜ担任にたいして不信感を募らせていったのであろう
か。いじめを知ったあとの担任の発言からは、いじめに関して、悪い
のは加害の子ども（＝犯人）であり、加害の子どもをみつけて責任をと
らせれば、すべてが解決するという短絡的な考えが透けてみえる。それ
は、担任である自分にはまったく非はないという責任逃れといえるので
はないか。そもそもヒカリの傷ついた気もちをいじめが起こる以前に戻
すことなどだれにもできないのに、担任は、どうなれば加害の子どもに

責任をとらせたことになると考えていたのであろうか[5]。加えて、「友だちが待っているから早く戻っておいで」という発言も、まるで他人事のようである。担任がヒカリの気もちをどのように受けとめ、ヒカリが教室で学べることを願い、安心できるようになにをおこなったのかということも、まったく伝わってこない。

　一方、生徒指導の先生がヒカリに伝えたことは、担任とは異なっていた。職員室にいる教職員はだれであっても、いつどんな時にもヒカリのカバンを預かるというのは、学校の教職員一人ひとりが、ヒカリがいじめでつらい思いをしていることに胸を痛め、いまここで自分たちにできる精一杯のことを提示した姿である。100％の責任などだれも担うことはできない。しかし、ヒカリがいじめられていることに関して、自分のできうることを引き受けようとする姿勢である。そこには、ヒカリのいじめ事象にたいし、「傍観者」ではなく自分事として積極的にかかわろうとする教職員の姿がある。このような教職員に見守られているとわかったことが、ヒカリに教室へ足を踏み入れる勇気を与えたのかもしれない。

　ヒカリにとっていじめられた経験は心に深い傷跡を残すことになったであろう。しかしいじめられたことがきっかけとなり、SC に話を聴いてもらい、養護の先生や担任に話をするなど、問題の解決に向けてみずから他者に働きかける経験を積むこともできた。ヒカリにとって、一連の経験が、いじめ問題の解決を他人任せにせず、みずからが解決に向けて一歩を踏みだした経験としても記憶されることを願いたい。

《注記》

(1) 1986（昭和61）年、東京都の中学生がみずから命を絶つという事件が起こった。この子どものクラスでは、「葬式ごっこ」と称して、級友が「死んでおめでとう」と書かれた色紙をつくり、担任をはじめとする4人の教員がそれに寄せ書きしていた。

(2) 定義の変更について芹沢俊介は、「子どもの申告主義」への転換であるとし、

①子どもの主観が事実と一致しない可能性がある、②あらゆる行為が「いじめ」と判断される可能性があるという問題点を指摘している（芹沢 2007）。これについて久保田真功は、芹沢の主張の根底には、「ある行為がいじめであるかどうかを客観的に判断することができる」という前提があると指摘している（久保田 2012　pp.55-56）。また間山広朗は、被害者の立場が重視されることによって、教員やいじめ加害者とされる子どものいい分が聞き入れられないならば、かれらは、社会的現実を構成する権利を奪われている（ディスエンパワーされている）という問題点を指摘している（間山 2002）。

(3) 久保田真功は、森田らの「いじめの集団の四層構造論」は、今なお多くの研究において理論的枠組みとして採用されていると述べている（久保田 2012　p.61）。

(4) 森田らはいじめを、「同一集団内の相互作用過程において優位にたつ一方が、意識的に、あるいは集合的に、他方に対して精神的・身体的苦痛をあたえることである」（森田・清永 1994　p.45）と定義した。

(5) 内田樹は、「人間が人間に加えた傷は、どのような対抗的暴力を以ても、どのような賠償の財貨を以ても、癒やすことができない」（内田 2017　p.21）ため、責任をとることなど本来はできない。したがって、責任をとれという言葉は、「『おまえには永遠に責任を取ることができない』という呪いの言葉」（同上 p.22）であると述べている。なお「責任」については、「呼応」をキーワードにして考察している第 12 章を参照されたい。

《引用・参考文献》

内田樹（2017）『困難な成熟』夜間飛行

尾木直樹（2007）『いじめ問題とどう向き合うか』岩波書店

久保田真功（2012）「国内におけるいじめ研究の動向と課題——いじめに関する 3 つの問いに着目して」『子ども社会研究』18　pp.53-66

芹沢俊介（2007）『「いじめ」が終わるとき——根本的解決への提言』彩流社

間山広朗（2002）「概念分析としての言説分析——『いじめ自殺』の〈根絶＝解消〉に向けて」『教育社会学研究』70　pp.145-163

森田洋司・清永賢二（1994）『新訂版 いじめ——教室の病い』金子書房

「保障する」ってどういうこと？

考えてみよう！

▌ 学齢期に何らかの事情があって学校に行けなかった人たちがい
ます。どのような人たちであると思いますか？

夜間中学校の実際

　先日、総合的な学習の時間に「夜間に学ぶ」というテーマで授業を
おこなった。「夜間に授業がおこなわれている学校とはどのような学校
か？」と質問をした。ある生徒から、夜間定時制高校に進学した友人の
話が披露された。ほかにも数人の生徒が、同じ高校に進学した友人を
もっていたので、夜間定時制高校についてひととおり意見交換をした。
すると別の生徒から、「夜間部を設置している大学がある」という発言

があった。そういえばそのような話を聞いたことがある、具体的にどの大学が夜間部を設置しているのかという話へと進んでいった。

　私からは、「夜間に授業がおこなわれている義務教育の学校を知っているか？」と質問をした。今回はすぐに発言する生徒はいなかった。生徒どうしのざわざわした話し声の中、ひとりの生徒が私に向かって、「義務教育っていうのは小学校と中学校のことですよね？」と確認をした。「もちろん！」と応えた。このような授業のあった翌月、希望者を募って夜間中学校を訪問した。

　私がはじめて夜間中学校を訪れたのは、いまから20年前、大学3年生の時である。いまでもその日のことが忘れられない。ゼミの時間に夜間中学校の存在を知り、どのようなところなのかを実際に確かめたいと思った。ゼミの先生から夜間中学校のナスノ先生を紹介してもらい、事前に見学の趣旨を伝え、訪問日時を決めた。当日、ナスノ先生は校門近くで待っていてくださった。校長先生に挨拶をしたあと、相談室に移動して夜間中学校について話をうかがった。この学校の在学者数は193人で、国籍別生徒数は日本59人、韓国朝鮮27人、中国107人で、年齢も16歳から80歳代までと多様な人たちが集まっていることを知った。

　話が一段落した時、「実際に授業を受けてみますか？」と誘ってくださったので、ためらうことなく「お願いします」と返事をした。授業開始のチャイムが鳴る前に教室に連れて行ってもらった。私が教室に入ると何人かの生徒がちらりとこちらを向いた。私は空いている席に座り、ナスノ先生の理科の授業を受けた。

　出席者は20数名だったであろうか。男性はひとりだけで、あとはすべて女性であり、比較的高齢の方が多かった。学級編成は日本語能力が基準になっており、私が授業を受けたクラスには、日常的な「話す」と「聞く」にはそれほど不便はないが、「読む」と「書く」を苦手とする人たちが集まっていた。

　その日の授業は、酸性とアルカリ性の違いがテーマであった。酸性の

特徴を確認したあと、「酸性の反対は何でしょうか?」とナスノ先生が問いかけると、「アルカリ性」という声が一斉にあがった。さらに、「ではアルカリ性のものにはなにがあるでしょうか?」との質問には、周りの人たちと話しあっても、すぐに答えがみつからないようであった。そこでナスノ先生は、アルカリ性のものには「灰」があると説明された。ここから、そういえば昔は石鹸の代わりに灰を使って洗濯をしていたという生徒の体験談に移り、大いに盛りあがった。その間、ナスノ先生は、必要以上に言葉をはさむことなく、ニコニコしながら生徒の話を聞いておられた。

　2校時と3校時の間にある少し長い休憩時間は、牛乳とパンによる給食の時間であった。生徒はいくつかのグループに分かれ、それぞれ楽しそうに話をしながら食べていた。グループの1つから声がかかり、私もその輪に加えてもらった。そうこうしているとひとりの生徒が、自家製キムチの入った保存容器をもって各グループを回り、級友におすそ分けをしていた。私も彼女からキムチをもらって食べた。

　とても穏やかな温かい雰囲気であった。突然の訪問者である私と距離を置くということもなく、だからといってことさら引っぱりこもうとするのでもない。いつのまにかクラスの中に自分の居場所ができていたように思う。

　はじめて夜間中学校と出会ってから20年が経ち、希望するクラスの生徒といっしょに再び同じ夜間中学校を訪問した。20年前のあの日と同じように、案内を担当してくださったのはナスノ先生であった。定年前に再びこの夜間中学校に戻ってこられたとのことであった。ナスノ先生には、夜間中学校に関する事前学習を済ませているので、是非、生徒たちには授業を受ける機会をつくってほしいとお願いしていた。生徒たちは教室に入ると、これまで経験してきたクラスの様子と異なることに戸惑いをみせていた。しかし夜間中学生から気さくに声をかけてもらい、すぐに打ち解けたようである。

127

　私がはじめて訪問した時と同じように、少し長めの休憩時間は、牛乳とパンによる給食の時間となっていた。持参した手づくり料理を級友に配る姿も以前と同じであった。しかし、パンのサイズは小さくなったように感じられた。

　すべての授業が終わり下校時間になると、教室の出入口で、夜間中学生と私のクラスの生徒が言葉を交わしたり握手したりする姿がみられた。その後、夜間中学生の姿がみえなくなってから、お礼をいうためにナスノ先生のところへ向かった。夜も遅いので簡単に感謝の気もちを伝えておいとまするつもりであったが、ナスノ先生の方から「お疲れさuntil
でした。授業を受けられた感想はどうですか」と積極的に質問があった。

私　「教室に入って少し驚きました。以前、訪問させていただいた時と比べると、高齢の生徒さんが少なくなっていたこと、男女比に偏りがなくほぼ同数であったこと、そしてなによりも外国籍の生徒さんが大幅に増えていたことです」
先生「この学校も様変わりしましたから」
私　「でも根っこにある和気あいあいの雰囲気はほとんど変わっていませんでした。一番、印象的だったのは、数学の問題をみんなで解いている場面でした。ある生徒さんが、自分の考えをひとり言のように声をだしながら数学の問題を解いていると、離れて座っている生徒さんが、ひとり言のようにその声に応答して、さらに別の生徒さんが、ひとり言のようにその声に応えていく。そして結果として、同じ問題をみんなで解いている状況になっていました。こういう共同学習もあるのかととても新鮮でした」
先生「私たちには当たり前なので、共同学習をしているという意識はないのですけどね」
私　「部外者の私ですが、生徒のみなさんには心地よい距離感で接し

てもらえました。うちのクラスの生徒も貴重な経験ができたと思います。本当にありがとうございました」

先生「それはよかった。そういう話が聞けるとうれしくなります」

私 「20年経ったいまも、和気あいあいの雰囲気が残っていて、このままいくと、夜間中学校の未来も明るいですね。いろいろな学びのあり方が認められる教育機会確保法も成立したことだし」

私がいい終えると、急にナスノ先生の声のトーンが変わった。浮かぬ顔で「そうなればいいですけどねぇ……」といって会話が途切れてしまった。

さらに考えてみよう！

> ナスノ先生は、教育機会確保法が成立したことで夜間中学校の
> よさがなくなっていくのではないかと不安を抱いているようで
> す。夜間中学校にはどのようなよさがあると思いますか？

満たされた状態を保護し守ること

　事例の教員は、大学３年生の時にはじめて夜間中学校を訪問した。それから20年後、今度は高校教員として担任クラスの生徒といっしょに再び同じ夜間中学校を訪れた。20年前と比べれば、男女比の偏りがなくなり外国籍の生徒が増えるなどの表面的な変化はあった。しかし20年の歳月を経ても、穏やかな温かい雰囲気に変わりはなかった。義務教育段階で、しかも夜間に授業をおこなっている夜間中学校とは、どのような教育機関なのであろうか。

　夜間中学校とは、「市町村が設置する中学校において、夜の時間帯に

授業が行われる公立中学校の夜間学級のこと」[1]である。設立当初、夜間中学校は、戦争、貧困、差別、障害などのさまざまな理由で、学齢期（6〜15歳）に教育を受ける権利が侵害された人たちにたいして、その権利を保障するために必要とされた。

　戦後の夜間中学校の歴史は、新学制のスタートとほぼ同じ時期に始まった。1947（昭和22）年10月、大阪市の生野第二中学校（現勝山中学校）の「夕間学級」が最初である。当時は、生きていくために昼間、働かねばならず、そのために長期欠席を余儀なくされる子どもがたくさんいた。そのような子どもを救済しようとする教員の熱意によって、月曜日と水曜日の週2回、16時から18時まで授業がおこなわれた。このようにして生まれた夜間中学校は、その後、全国で87校（1954〈昭和29〉年）にまで増えた。

　ところが夜間中学校の増加にたいして、行政管理庁（現総務省）から「夜間中学早期廃止勧告」（正式名称「少年労働に関する行政監察結果に基づく勧告」1966〈昭和41〉年11月）が出された。これにたいして荒川区立第九中学校夜間学級を卒業した髙野雅夫[2]は、自主制作映画『夜間中学生』を上映すべく、ひとりで全国を行脚（あんぎゃ）し、粘り強い廃止反対・設置要求の運動を展開した。

　潰せるものなら潰してみろ。

　日本国憲法を始め、全ての人間の法律から切り捨てておきながら、俺たちを裁く時だけ人間の法律を当てはめて裁くのだ。かつて野良犬のように飢えをしのいでいたオレの時もそうだった。行政管理庁のヤツらは、一回も夜間中学に見学にすら来ないで、たった一枚の紙切れで死刑宣告する。そんなヤツらに殺されてたまるか、今に見ていろっ!

　フィルムを担いで日本中を歩いてやるぞと心に決めた。（髙野1993 p.57）

　高野の孤独な闘いも少しずつその運動の輪を広げていった。大阪の教職員組合 (3) や部落解放同盟 (4) の夜間中学校開設運動の動きとあいまって、1969（昭和 44）年の大阪市立天王寺中学校夜間学級開設以来、大阪、奈良、兵庫で続々と夜間中学校が設置されていった。

　夜間中学校が誕生してまもない頃は、戦争や貧困、差別や障害 (5) のために昼間の学校に通えなかった生徒がたくさん入学してきた。しかしその後、時代の経過にともない生徒は多様になった。1970 年代に入ると在日コリアン (6) 1 世や 2 世の人たちが、70 年代後半から 80 年代前半にかけては日中国交回復による中国からの引き揚げ帰国者とその家族が、80 年代後半から 90 年代は 15 歳を超えた不登校経験者が増えた。そして現在、もっとも多いのは、80 年代後半から増えつづけている、東南アジアや南米からの「新渡日の外国人」（いわゆるニューカマー）である。

　夜間中学校の歴史は、夜間中学校をめぐる社会運動の歴史でもある。なぜなら夜間中学校は、その法的根拠 (7) が脆弱であり、縮小・廃止の圧力にたいして常に抗いつづけてきたからである。ところが、2014（平成 26）年 7 月に教育再生実行会議が「今後の学制等の在り方について」（第 5 次提言、2014〈平成 26〉年）で、「国は、（略）義務教育未修了者の就学機会の確保に重要な役割を果たしているいわゆる夜間中学について、その設置を促進する」と提言すると、それを受けて 2016（平成 28）年 12 月に「教育機会確保法」（正式名称「義務教育の段階における普通教育に相当する教育の機会の確保等に関する法律」）が公布された。夜間中学校の法的根拠が盤石となり、それを運動の成果と評価する向きもある。

　しかし同時に別の見方もある。形式卒業者の入学問題の観点から教育機会確保法について考えてみたい。形式卒業者とは、さまざまな事情からほとんど学校に通うことなく、実質的に十分な教育を受けられないまま義務教育を修了扱いになった人のことである。

　夜間中学校開校当時、文部省（現文部科学省）は形式卒業者の夜間中

学校入学を頑なに拒んでいた。しかしかれらの不満は、第18回全国夜間中学校研究大会（1971〈昭和46〉年11月26日・27日　於：大阪）で爆発した。形式卒業者の激烈で筋の通った追及により、文部省と、その指導に従っていた大阪府教育委員会は次々に論破され、その後、夜間中学校は形式卒業者へ開かれた。ところがまたしても、文部科学省は1990年代に形式卒業者を排除する旨の回答をおこない、形式卒業者が再び入学を断られるという事態が生じた。それから20数年後、先に述べたように、教育再生実行会議の第5次提言につづき、教育機会確保法が公布される運びとなったのである。

　このようにみてくると、文部科学省が夜間中学生の置かれてきた歴史的・社会的状況を真摯に勘案して教育機会確保法を準備したとは考えられない。教育機会確保法の目的は何であろうか。

　少子高齢化が進む日本において、労働人口[8]の減少に対応した政策を打ちだすことは喫緊の課題である。その1つが2018（平成30）年の入管法（正式名称「出入国管理及び難民認定法及び法務省設置法の一部を改正する法律」）の改定である。外務省は改定の意図を、「深刻な人手不足の状況に対応するため、一定の専門性・技能を有し、即戦力となる外国人材を受け入れようとするもの」[9]であると明確に示している。入管法に関するこの改定をめぐって、政府がこの法律をとおして「外国人労働者を『研修・技能実習制度』に組み込み、外国人の『単純労働者』を低賃金で供給する道を開いた」（『生きる　闘う　学ぶ』編集委員会 2019 p.395）とする指摘がある。

　近年の日本の労働環境は、悪化の一途をたどっている。それにもかかわらず外国人に「即戦力となる外国人材」として働きつづけてもらおうとすれば、かれらの不満の矛先を労働問題からずらす必要がある。ここで登場するのが夜間中学校である。

　これまでの夜間中学校では、日本語を使いこなす力や日常的な生活を営む力を向上させるだけでなく、その過程をとおして、教育を受ける権

利の保障につながる教育活動を組織してきた。これが夜間中学校のよさであり、ニューカマーの生徒にたいしても同様に当てはまった。たとえば、かれらが職場での理不尽な要求に泣き寝入りしないように、しっかりとした人権感覚を身につけるための教育を保障しようとしてきたのである。ところが近年の夜間中学校は、ニューカマーの生徒が、悪化する労働環境へ異議を申し立てる力というよりも、むしろそのような労働環境へみずから適応できる力の育成をめざすようになってきた(10)。

　このようにみてくると、国家にとって教育機会確保法は、経済成長という目的を実現するための手段として位置づけられていることがわかる。

　夜間中学校の上記のような性格の変化は、ニューカマーの生徒への教育にとどまらず、夜間中学校の教育活動全体に影響を与える。そして将来的には、夜間中学校から、教育を受ける権利を保障するという社会運動的要素がそぎ落とされてしまう可能性が生じるであろう。

　そもそも保障とは、「ある状態がそこなわれることのないように、保護し守ること」（大辞泉）である。労働者としてのニューカマーの生徒の立場からすれば、「人たるに値する生活」（労働基準法第1条）が保護され守られなければならない。生活の基盤は健康にある。そしてこの場合の健康は、「病気でないとか、弱っていないということではなく、肉体的にも、精神的にも、そして社会的にも、すべてが満たされた状態」（世界保健機関憲章、日本WHO協会訳）を想定すべきである。

　したがって、労働者にとって保障されるべきは、肉体的にも、精神的にも、そして社会的にも、すべてが満たされた状態を基盤とした人たるに値する生活である。そうであるからこそ、「労働環境へみずから適応できる力の育成」のように、経済成長を実現させるための手段として利用される保障であってはならない。

《注記》

(1) 文部科学省「夜間中学の設置促進・充実について」https://www.mext.go.jp/a_menu/shotou/yakan/index.htm（2020 年 4 月 7 日）を参照されたい。

(2) 髙野は 1939（昭和 14）年に旧「満州」に生まれる。父の戦死後、引き揚げ途中に母と死別し、戦争孤児になる。その後、博多の闇市、東京の上野公園、山谷などで生活し、「バタ屋」（廃品回収業者の別名）のお爺さんから「いろはかるた」で文字とコトバを学ぶ。21 歳で東京・荒川九中夜間中学に入学し、24 歳で卒業する。1967（昭和 42）年から夜間中学廃止反対運動、創設運動にとりくむ。

(3) 教職員組合とは、「教職員が思想・信条の違いをこえて教育労働者としての共通の要求で団結し、その実現をはかる自主的大衆組織」（青木・大槻・小川・ほか 1988　p.225）のことである。現在は複数の団体が活動している。

(4) 部落解放同盟とは、「部落民とすべての人びとを部落差別から完全に解放し、もって人権確立社会の実現を目的」とし、その「目的実現のために結集する部落民を核とする大衆運動団体であり、水平社宣言に謳い上げられた『人間を尊敬する事によって自ら解放せんとする者の集団運動』である」（『部落解放同盟綱領』）とされる。

(5) 養護学校義務化（1979〈昭和 54〉年）以前は、学校教育法第 18 条の就学義務の猶予・免除規定により、障害のある学齢期の子どもが、学校に行きたくても行けないという状況があった。養護学校義務化以降は、重度・重複の障害児も養護学校に入学できるようになったが、同時にそのことは、障害児の普通学校からの排除という状況を引き起こした。

(6) 在日コリアン・マイノリティー人権研究センター http://www.kmjweb.com/about/korean.html（2020 年 9 月 7 日）では、「『韓国籍』『朝鮮籍』『日本籍』もふくめて、朝鮮植民時代より朝鮮半島にルーツをもつものを在日コリアン」と呼んでいる。「日本の朝鮮植民地支配によって渡日し、戦後はさまざまな事情で朝鮮と日本を行き来し、現在、生活基盤を築いて日本社会に定住している人々」のことである。

(7) 「二部授業を行なおうとするとき」（学校教育法施行令第 25 条 5）にのみ、夜間に中学校で授業をおこなうことが認められているにすぎない。

(8) 労働人口とは、労働の意思と能力をもつ者の人口のことであり、就業者（休業者も含む）と完全失業者の合計を示すものである。

(9) 外務省「特定技能の創設」https://www.mofa.go.jp/mofaj/ca/fna/ssw/jp/index.html（2020 年 10 月 25 日）を参照されたい。

(10) 2020（令和 2）年 1 月 29 日に元夜間中学校教員に聞き取り調査をおこなった。

《引用・参考文献》

青木一・大槻健・小川利夫・ほか編（1988）『現代教育学事典』労働旬報社

『生きる 闘う 学ぶ』編集委員会編（2019）『生きる 闘う 学ぶ——関西夜間中学運動
　50年』解放出版社

髙野雅夫（1993）『夜間中学生 タカノマサオ——武器になる文字とコトバを』解放
　出版社

第12章 「自立・責任・保障」を読み解く視点

保育・教育の現場で育ちゆく子どもが「自立する」とはどういうことであるのか。またそこで働く保育者・教育者が「責任を担う」とはどういうことであるのか。さらに育ちゆく子どもに保育・教育を「保障する」とはどういうことであるのか。「自立」「責任」「保障」を考えるいくつかの視点を紹介しよう。

1 自立と安心

「自立」とはどのような状態なのであろうか。「自立」について学生に尋ねてみると、「一人前」「働いて、ひとりで生活ができること」「人を頼らずに自分でやっていけること」「責任がとれること」などという答えが返ってくる。社会福祉の領域では、「支援」といえばよいはずなのに、「自立支援」のように「支援」に「自立」をつけるようになって久しい。この傾向は、2009（平成21）年版厚生労働白書で「支援」が「自立支援」に書きかえられてから顕著なものとなっていく。

熊谷晋一郎は、「健常者は何にも頼らずに自立していて、障害者はいろいろなものに頼らないと生きていけない人だと勘違い」（熊谷2012）しているという。健常者は「世の中のほとんどのものが健常者向けにデザインされていて、その便利さに依存していることを忘れている」からである。そして、熊谷は、「実は膨大なものに依存しているのに、『私は何にも依存していない』と感じられる状態こそが、"自立"といわれる状態なのだろう」と述べる[1]。はたして、私たちはそのような「自立」をめざすべきなのであろうか。

歴史的には、「自立」はどのようなものとしてとらえられてきたのか。

137

「自立」が多くの人に当てはまるようになったのは近代以降であるとされる（桜井 2013）[(2)]。そもそも「自立」とは「働かずして暮らせるだけの資産を所有していること」を意味した。そのため、国家や、独立自治と相互の自由な朋友関係を強調するキリスト教の信徒、大地主などの限られた一部のみが「自立」した人であった。その他の多くの人たちは「依存」、すなわち「従属という関係において結びつけられていること（他人のために働くことによって生計を立てること）」が一般的であった。

　近代以降、資本制社会が成立していく中で、賃労働の地位が高まり、それを担う男性が「自立」している人になった[(3)]。前近代において「依存」であった労働は、近代においては「自立」に転換する。そして、賃労働に従事しない人びと、あるいは賃労働から排除された人びと、すなわち女性、被救済民、原住民族、奴隷などが「依存」を象徴するものととらえられるようになった。桜井啓太は、「その時代に支配的な権力を持つ層が、自らの生のあり方を肯定するために『自立』を称し、自らと異なる手段にて生活する『彼ら』のあり方を『依存』と断ずる。そうしたことをこの社会はずっと行ってきた」（同上　p.204）と指摘する。

　「自立」と「依存」は、歴史相対的なものであった。「自らと異なる手段にて生活する『彼ら』のあり方を『依存』と断ずる」点では、熊谷が指摘した現在の「健常者は何にも頼らずに自立していて、障害者はいろいろなものに頼らないと生きていけない人だと勘違い」している人たちも、「その時代に支配的な権力を持つ層」と同じであるといえる。この「自立」も相対的なものでしかない。「自立」と「依存」は時と場所と場合によって変わりえるものなのである。

　相対的なものでしかない「自立」が過剰に強調されるのが現在である。たとえば、経済的自立について、だれもが職業選択の自由を保障されているのであろうか。子どもの学力や学歴達成、さらには成長後の就労状態は、その子が育った家庭の社会経済状況が大きな影響を与える[(4)]。そしてその家庭の社会経済状況は保護者の働き方（就労・雇用）による

が、その働き方は正規職と非正規職で格差がある。非正規職だけでなく、正規職であっても労働条件が「人たるに値する生活を営むための必要を充たすべきもの」(労働基本法第1条) になっていない場合もある。ひとり親家庭の貧困は社会保障の不十分さも加わり、より一層深刻なものになっている[5]。

だれもが職業選択の自由を保障されているわけではない。家庭の社会経済状況が不安定であれば、子どもの心理的自立にも、社会的生活の自立にも困難が生じることになる。それにもかかわらず、私たちはみずから「自立」をめざし、他者にも「自立」を求めようとする。生活保護者へのバッシングには、「自立」をめざす自分と、めざさない人という見方に立って、めざさないと思う人にたいして「自立」を強いる図式がうかがえる。

また批判や非難でなくとも、「自立」を強いる場面はある。たとえば、「幼児期の終わりまでに育ってほしい姿」(いわゆる10の姿) や「主体的・対話的で深い学び」などが掲げられる保育や教育の現場である。そこでは、保育者や教育者が多忙な日々を送る中で、評価の視線にさらされながら、それらを無批判に受けいれる傾向にある。それらに沿った保育や教育が粛々とすすめられる中で、子どもは「自立」を迫られていないであろうか。

自立過剰な状況は、第4章で指摘した「大変なことを、自分ひとりで解説し処理できるかのように思いはじめたとき」に始まる「横領的な私有化」をうながす。そして、それは職業選択の自由の保障、働き方、保育や教育の諸問題を覆い隠すものになっている。

さらにいえば、自立過剰な状態は現代の統治に都合よく貢献している。齋藤純一は現代の統治の特徴を次のように示す。

　　統治は、人びとの自発的かつ能動的な自己統制を積極的に促しながら、かつ、その自己統治のパフォーマンスを捕捉し、それを監査・評

価するというモードに変わりつつある。言いかえれば、それは、個人
や集団（アソシエーションを含む）による多元的な自己統治に広範な
活動領域を与え、しかも、その活動に対する評価そのものをも多元化
しながら、同時に、自己統治がそうした評価システム（audit system）
をつねに参照しつつ行われるように方向づけるのである。（齋藤 2005
p.88）

　私たちはみずからに「自立」を課し、職業、教育、子育てなどにおい
て、自己選択し、自己決定し、自己規制し、最終的に自己責任を担おう
とする。すでにそれは自立過剰な状態にもかかわらず、私たちはそのよ
うな「自己〇〇」ができる人を「自立」した人と思いこみ、そのような
「自立」を自発的に引き受け、統治されようとしている。
　自立過剰な現在、これからの「自立」を考えるうえで必要なことをい
くつか指摘しておく。まずは「自立」を歴史相対的なものとしてとらえ
ること[6]。次に「横領的な私有化」にたいして私という存在が他者の
存在と他者とのかかわりを前提とするものであるととらえること（第4
章の1）。そして他者とのかかわりの中で、「理解しようとする自分を省
み、『自分が何をなすべきか』をその人やその人にかかわるおとなたち
と共に考え、判断し、行動していくこと」や「二者間であればお互い
が、それ以上の人数であれば関係者それぞれが納得できる配慮」のある
「支え援ける」支援があること（第8章の2および3）。さらに他者と私
が共にいる場は、村田観弥が提唱する「葛藤できる『場』」や旧沢内村
の地域養護活動のような活動が展開できるところであること（第8章の
3）である。
　そこでは、困り事や悩みは聴いてもらえるだけで落着するかもしれな
いし、落着しないかもしれない。落着したとしても、「自立」に向かう
かもしれないし、そうでないかもしれない。しかし、安心が訪れるであ
ろう。なにをもって「自立」とするかは安心してから、周りの人と共に

考えることであってよいのではないかと思う。

② 責任から呼応へ

　自立過剰な状態は自己責任を後押しする。自己責任はいつ頃から唱えられるようになったのであろうか。アメリカ合衆国では、1980 年代初頭に「貧しい人たち自身の態度や行動に、貧困になる原因のほとんどが見出せる」と指摘され、自己責任の言説が瞬く間に広がったという（ヤング 2014　p.2）。日本でも 1980 年代中頃に新自由主義の教育改革をすすめた臨教審（正式名称「臨時教育審議会」）が「個人の尊厳、個性の尊重、自由・自律、自己責任の原則、すなわち個性重視の原則を確立すること」を唱えた。臨教審は、「個性重視の原則」を「教育改革の主要な原則」として、「教育の内容方法、制度、政策など教育の全分野」における抜本的な改革をすすめていった。自己責任は、それが唱えられるようになった時から、「個人の尊厳、個性の尊重、自由・自律」と切り離せないものとして登場してきたのである[7]。

　「自分のしたことは自分で責任をとる」、すなわち自己責任は当たり前のことであるといわれる。しかし、はたしてそうなのか。そもそも自己が責任をとることなどできるのであろうか。第 4 章において、私が私であるという自己意識は、他者の存在と他者とのかかわりを前提とすることを確認した。それでは、他者の存在や他者とのかかわりを不可欠とする私が「責任を担う」とはどのようなことなのであろうか。

　桜井哲夫によれば、字義としての「責」は「税金が課せられること」「とりたてられ、せめられ、しかられ、なじられる」など、「任」は「荷物を運ぶ、堪える」などの意味をもつ。つまり、「責任」は、「権力者から一方的に何か重荷を押しつけられる」ことであり、明治 20 年代頃（1887 ～ 1896 年）から法律用語として定着していくことになる。

　日本語で「責任」と訳される英語 responsibility（response）は、反

応・応答・回答（する）の意味をもつ。ラテン語の respondeō は「保証する・応答する」の完了分詞中性形 responsum の名詞用法としてある。それゆえ桜井は、responsibility について、「この言葉自体がきわめて新しい言葉で、18 世紀後半から末にかけて使われはじめたことは、確かなようです」（桜井 1998　p.47）という。そして「大事なことは、ヨーロッパ諸語での『責任』という言葉の語源が、『ある約束に対する応答、保証』という、人と人との約束事を意味する言葉」であり、「社会の中での人間関係を互いに規定する意味」であると指摘する（同上　p.48）。

　responsibility を「応答」と訳し用いると、「責任」よりは「権力者から一方的に何か重荷を押しつけられる」という意味あいは薄れる。また、ある出来事にたいする「応答」とした方が複数の「応答」者を想定することもできる。たとえば、戦争にたいして、「責任」というとそれを引き起こした人や起きる要因をつくってしまった人が注目される。しかし、「応答」というと、それらを引き起こした人や起きる要因をつくってしまった人はもちろんのこと、程度の差はあってもそれらにかかわった人、さらにはのちの時代にそれらを知った人までも何らかの「応答」が求められることになる。戦争未経験者による語り部などは「応答」になる。

　しかし、「責任」を「応答」といいかえたとしても、「応答」責任のようなものが自己に課せられてしまうともいえる。その点で、大庭健が「責任」について「呼応（リスポンス）の可能性（アビリティ）」に言及していることは意義深い。私という存在は他者の存在と他者とのかかわりを前提にして、私であることができる。その他者は他者であるがゆえに、自他の呼応は意のままにはならない。「意のままにならない他者からの跳ね返りがあってこそ」、私は私であることができる。「自分がいる、ということは、呼びかけられ・問いかけられて――あり、かつ応じうるし、応じられる、という呼応の可能性が断ち切られないでいる、ということに依存している」（大庭 2009　p.209）と述べる。そして大庭は、

「呼応可能性という、広義の責任（リスポンスのアビリティ）は、呼びかけることも、応じられることも可能であり、呼びかけてもらえるし、応じることもできる、ということを意味する。その核心は、他のようにでなく・このように行為する、という理由を、たがいに問いあうことができ、理解しあうことができる、というところにある」（同上　p.210）と説く。

　私が他者の存在と他者とのかかわりを前提とするゆえに、responsibilityは「責任（私が責任を担う）」ではなく、また「応答（私が応答する）」でもなく、「呼応（私は呼びかけ、呼びかけられ、応じ、応じられる）」と訳すことこそが適切となる。そうすると、ある出来事にたいして、「呼応（リスポンス）の可能性（アビリティ）」はその出来事にかかわるすべての人、さらにはその出来事を知る（のちに知った、これから知る）すべての人に開かれており、それらの人たちとの相互のかかわりの中で「呼応」のありようがつくられていく。そのつくられていくプロセスと「呼応」のありようが「責任を担う」ということになる。

　たとえば、「こうのとりのゆりかご」(8)（いわゆる「赤ちゃんポスト」）を利用した保護者について考えてみよう。こうのとりのゆりかごを利用したその保護者は無責任なのであろうか。そして、そのような無責任なことをしてしまったその保護者は自己責任として非難されるべきなのであろうか。

　「呼応（リスポンス）の可能性（アビリティ）」からみれば、その保護者はこうのとりのゆりかごを利用することでその赤ちゃんの生命を守り、遺棄などの犯罪を選択しなかったことでみずからを救い、その時点において可能な範囲で「呼応」していることになる。こうのとりのゆりかごを利用せず、自分で育てることができる保護者も、こうのとりのゆりかごを利用した保護者も、その時の可能な範囲で「呼応」した人といえる。どちらも、「呼応（リスポンス）の可能性（アビリティ）」に違いはあるが、「責任を担う」人たちである。

　だれもが「呼応」（私は呼びかけ、呼びかけられ、応じ、応じられる）する人であって、「呼応」のありようは一人ひとり異なる。第8章で紹介した村田観弥の場のありようや、地域養護活動にとりくむ旧沢内村の人たちの行動はそれを示していると考える。自己責任の呪縛から解放され、「責任を担う」新しい試みとして「呼応」（「呼応の可能性」）についてみなで想像・創造していく必要がある。

③ 支配されない保障

　保障とは、「障害のないように保つこと。侵されたり損なわれたりしないように守ること」（広辞苑）である。社会保障、雇用保障、生活保障などのように用いられる。たとえば、生活保障とは、雇用と社会保障がうまくかみあって、「一人ひとりが働き続けることができて、また、何らかのやむを得ぬ事情で働けなくなったときに、所得が保障され、あるいは再び働くことができるような支援を受けられる」（宮本 2009　p.iv）条件が実現することである。「一人ひとりが働き続けること」や「再び働くこと」（労働基本権）、働けなくなった時も「所得が保障され」て当たり前の生活を営むこと（生存権）など、保障とは私たちの諸権利が「障害がないように保」たれ、「侵されたり損なわれたりしないように守」られることである。

　昨今、私たちの生命や生活を守る際、「自助・共助・公助」が強調される。主に、災害・防災、地域づくり、社会保障などの対策、最近では政策理念において用いられている。たとえば、災害・防災対策としては、家庭で日頃から災害に備えたり、災害時には事前に避難したりするなど、自分で守る「自助」、地域の災害時要援護者の避難に協力したり、地域の人たちと消火活動をおこなうなど、周りの人たちと助けあう「共助」、消防や役所等による救助活動や支援物資の提供など、公的支援の「公助」などである。あるいは政策理念としては、「自分でできることは

基本的には自分でやる、自分ができなくなったら家族とかあるいは地域で協力してもらう、それでできなかったら必ず国が守ってくれる。そういう信頼をされる国、そうした国づくりというものを進めていきたい」[9]という例をあげることができる。3つの助は、災害・防災対策では各役割として並列（災害時は同時並行）的に、政策理念では段階的に用いられている。

　それでは、政策理念として掲げられる3つの助は実際、どのように機能しているのであろうか。「学ぶ」「働く」「支援」などについて、各章で指摘してきたことをふまえると、次のような状況が社会保障や地域づくりなどで起きているのではないか。

　すなわち、教育や就労の保障などによる公助によって、積極的で、コミュニケーションに長けて、自己主張し、自己実現をめざし、自己責任を担う、自助できる人づくりがすすめられている。そして、学校や役所などの公助が提供される場では、人間性の評価を含めた能力や業績による評価に基づいて、自助できる人とそうでない人の選別がおこなわれる。さらに、自助できない人には学び直しや就労支援などの公助が再度施され、自助できない人はさらに自助できる人になるよう追いたてられる。

　また地域づくりや NPO の活動などの共助の場でも、補助金申請などにおいて諸活動の実績が重視され、積極的で、コミュニケーションに長けて、自己主張し、自己実現をめざし、自己責任を担う、自助できる人が評価される。そのような人たちは時に公的責任や公的保障までも肩代わりし、共助の範囲が広がると同時に、公助は後景に退くことになる。共助は自助できる人たちの活躍の場となり、自助できない人は遠ざかる。「『ともに学び、ともに育つ』ための対話」、あるいは「二者間であればお互いが、それ以上の人数であれば関係者それぞれが納得できる配慮」が困難となり、支え援けあう「支援」も弱まる。共助から遠ざかった自助できない人は次第に問題視され、批判や非難の対象になる。その

批判や非難に応え、自身のいたらなさを悔い、共助や公助へ感謝の念を抱き従属する人は承認される。それは結果として支配されることを受けいれることでもある。

　つまり、現在の公助は私たちの諸権利を守っているとはいいがたい。そもそも自助、つまり自分ひとりで自分を助けることができると思うことはなにを意味するのであろうか。「大変なことを、自分ひとりで解説し処理できるかのように思いはじめたとき」に「横領的な私有化」が始まると指摘した（第4章の1）。横領的な私有化は、私が他者の存在と他者とのかかわりを前提として成り立つことを忘却させる。自助できると思った時点で、他者の存在と他者とのかかわりを断つことになる。それゆえ、自助できない人だけでなく、自助できる人も共助、本書の用語でいえば「わかちあい」を想像・創造することができない。

　さらにいえば、人びとを自立できている、自助できると錯覚させる要因として、賃労働への依存も問題にする必要がある。先に、資本制社会の成立とともに、賃労働を担う男性が「自立」している人になったと指摘した。実は、近代以前の賃労働者は、「孤児、未亡人、最近起こった天災の犠牲者」（イリイチ 2006　p.213）などの貧困者の種類に数えられ、「賃労働によって生活する必要があるということは、落伍したり追い出されたりした印であった」（同上）という。その理由は、賃労働者が「生活の自立と自存にささえられた家をもたず、みずからの生活自立を基礎づける諸手段を奪われており、他者になんの生活自立の助けもできないことの無能を感じている人たち」（同上　pp.215-216）だからである。

　つまり、前近代までの人びとは、共同体の成員による食物の収穫や土地の管理などでの共同作業を核として、共同体を支え、支えられながら、私の「生活の自立と自存」を営んでいた。共同体から外れた者は、賃労働をしなければ生きていけない、他者とのかかわりを断たれた貧困者だったのである。

　現在の私たちも賃労働にあまりに依存している。全人格労働（第4章

の3）によって傷つき、病み、みずからの生命（いのち）を危険にさらす事態も生じている。前近代の賃労働者と同様、地域や職場（よりよい賃労働者になるべく教育されるという点からいえば、学校も含む）での共同性が希薄になっている。それは、自助できるよう、自立できるよう、そのためには賃労働に依存するよう思いこまされているからではないであろうか。

　岡村達雄は、公教育の論理について「公教育は（略）教育を国民の権利として制度的に保障することをとおして教育に対する国家支配を実現していくありかたをその基本構造にしている」（岡村1983　p.9）と説いた。第4章で、戦後一貫しておこなわれてきた「主体性」重視の教育や、現在の能力強化による国家の、資本の求める学びや姿を指摘した。その学びや姿は、公教育が私たちの教育を受ける権利の保障をとおして、私たち一人ひとりが経済成長を推進する一要因になり、国益を実現するものであった。それは、私たち一人ひとりの学びや生き方につながるものではなかった。私たちが「自立」をめざし、賃労働に依存し、他者とのかかわりを断ち、無条件に保障されるはずの「国民の生命」において公助や共助の前に自助を課せられているとするならば、私たちはすでに国家によって支配されていることになる。

　第8章では、支援が「対話」や「配慮」を欠く時、支配になることを指摘した。支援は支援される人を支配する契機を内在するように、保障も保障される人を支配する契機を内在している。それゆえ、諸権利の保障においても、国家による支配の契機を注視していかなければならない。その際、保障がどのようなものとしてあるのが望ましいのかを想定しておく必要がある。第8章で紹介した村田観弥の「葛藤できる『場』」にあった専門家のありようを参考にして考えてみたい。

　専門家にとっての「葛藤できる『場』」とは、「専門家の高い専門性や能力がケアの質を高めるのではない。ケアや支援の質を高める可能性があるのは"多様なケア提供者の存在を許すような仕組み"」（村田2018 p.207）であり、「わからない」といえる「専門家によって保持されつつ

147

も、支援―被支援の固定関係を乗り越えながら利用者と専門家が共に育つための、緩やかな秩序のある『場』である」（同上　p.209）という。また、専門家は「場」にたいして「必要以上に管理／統制しないが、下支えし、調整する存在」（同上）であると同時に、「専門家自身も不安から眼を背けず、自らが作り出す世界の自明性を疑い、常に変化することを志向する」（同上）と述べる[10]。

　教育を受ける権利を保障する際、そこには多くの人たちがかかわっている。法律や制度を整備し、政策を練り、実施する国や基礎自治体の政治家や公務員をはじめとして、資格や免許をもち行政の最前線で私たちの諸権利を保障する団体や人もいる。学校園所で働く保育者や教育者は、子どもや保護者とかかわり、専門性を用いながら、生活権や教育を受ける権利の保障を担う人たちである。先に述べたように、「支援」も「保障」も対象者を支配する契機を内在している。以下では、「専門家」を「保障する人や組織」に、「支援」を「保障」に置きかえて、先の村田の専門家論を読みかえてみる。

　すなわち、「保障する人や組織の高い専門性や能力がケアの質を高めるのではない。ケアや保障の質を高める可能性があるのは“多様なケア提供者の存在を許すような仕組み”」であり、「わからない」といえる「保障する人や組織によって保持されつつも、保障―被保障の固定関係を乗り越えながら利用者と保障する人や組織が共に育つための、緩やかな秩序のある『場』である」。また、保障する人や組織は「必要以上に管理／統制しないが、下支えし、調整する存在」であると同時に、「保障する人や組織自身も不安から眼を背けず、自らが作り出す世界の自明性を疑い、常に変化することを志向する」ものとなる。

　「わからない」といえる保障する人や組織には、自助できる人ばかりがいるとは限らない。そうであるからこそ、保障の質を高めるのは、保障する人や組織の個々の専門性や能力になるのではなく、多様な保障する人や組織の存在を許すようなしくみになる。また、保障する人と保障

される人という固定関係、つまり保障される人を保育や教育、指導や管理などの対象としてのみとらえることなく、保障の場は共に育つための、ゆるやかな秩序のある「場」であること。そして保障する人や組織は、そのような場、あるいはしくみを必要以上に管理／統制せず、下支えし、調整する存在であること。さらに保障する人や組織は、「不安から眼を背けず、自らが作り出す世界の自明性を疑い、常に変化することを志向する」ことである。

　私たちの諸権利の保障を担う国や基礎自治体、保育者や教育者のように実際に保障にとりくむ人たちは、共に育つための、ゆるやかな秩序のあるそれぞれの「場」において、みずからがつくりだし、みずからがおこなう保障の自明性を疑い、常に変化することを志向していきたい。

　さらに、前節の「責任を担う」で考えた「呼応（リスポンス）の可能性（アビリティ）」をふまえるならば、私たちの諸権利の保障を担う国や基礎自治体、実際に保育者や教育者のように保障にとりくむ人たちにはその時の可能な範囲での「呼応」が求められる。ただし、保障の場を共に育つための、ゆるやかな秩序のある「場」として、必要以上に管理／統制せず、下支えし、調整する最たる存在は国家である点を指摘しておきたい。国家は、私たちの諸権利の保障にたいして、またその保障にかかわる人たちの「場」の下支えや調整にたいして、最大限に「呼応」しなければならない。

《注記》
（1）石川准も熊谷と同じように、配慮に関してその自明性を問題視している。私たちは「『配慮を必要としない多くの人々と、特別な配慮を必要とする少数の人々がいる』という強固な固定観念」（石川 2004　p.242）を抱いているという。そして石川は、「『すでに配慮されている人々と、いまだ配慮されていない人々がいる』というのが正しい見方」であり、「多数者への配慮は当然のこととされ、配慮とはいわれない。対照的に、少数者への配慮は特別なこととして可視化される」（同上）と指摘している。
（2）桜井啓太は、ナンシー・フレイザーとリンダ・ゴードンの「『依存』の系譜学」

をもとに「自立」と「依存」の歴史的な意味の変遷についてまとめている（桜井2013）。

（3）イリイチは、賃労働が登場し、生産的労働と非生産的労働の性による分業化が進み、非生産的労働（家庭内）への女性の囲い込み、すなわちシャドウ・ワークが創出されたと指摘する（イリイチ1982／2006）。

（4）子どもの学力や成長後の就労状態などと、子どもが育った家庭の社会経済状況との関連は、子どもの貧困研究が進展する中で、とくに注目された。2008（平成20）年「子どもの貧困・元年」から10年あまりが経過し、その間の政策・実践・研究を検討したものとして、松本伊智郎を編集代表とする「シリーズ　子どもの貧困」全5巻（明石書店）がある。

（5）厚生労働省「平成28年度全国ひとり親世帯等調査結果報告」によれば、推計世帯数は、母子世帯1,231,600世帯、父子世帯187,000世帯であり、ひとり親家庭の相対的貧困率は50.8％とされる。

（6）広瀬・桜井（2020）は、依存の復権を唱え、「自立」概念の相対化を展開している。その中で、「『甘え』や『依存』は、個人の停滞でなくむしろ発展・成長に開かれる文脈において新たな教育的意義を得ていく」という下司（2015）にたいして、広瀬義徳は「人の『生』における常態としての『依存』を、教育目的の『自律・自立』に奉仕させることではなく、それ自体で独立した意義のあるものとして留保することではないか」（広瀬・桜井2020　p.29）と批判・提言している。

（7）臨時教育審議会第一次答申（1985年〈昭和60〉6月）の「改革の基本的考え方」には、「今次教育改革において最も重要なことは、これまでのわが国の教育の根深い病弊である画一性閉鎖性、非国際性を打破して、個人の尊厳、個性の尊重、自由・自律、自己責任の原則、すなわち個性重視の原則を確立することである。（略）個性重視の原則は、今次教育改革の主要な原則であり、教育の内容方法、制度、政策など教育の全分野がこの原則に照らして、抜本的に見直されなければならない」とある。

（8）慈恵病院（熊本市）が設置している「こうのとりのゆりかご」は、赤ちゃんと母親の将来の幸せのために相談をおこなうことを第一の目的としている。妊娠・出産・育児などに悩みを抱える人たちがみずから赤ちゃんを育てることができない時には、赤ちゃんを預かり、生命（いのち）を守るとりくみをおこなっている。

（9）2020（令和2）年9月4日TBS「NEWS23」出演中の菅義偉総理の発言より。

（10）そのほかにも、専門家は場を「あまり『作り込み』過ぎないほうが良い」という。それは利用者や患者にとって息の詰まる空間になっていくからである。また「あまり配慮しすぎず、少し離れて座視するような姿勢こそが、利用者や患者が自ら他のモノとかかわっていく余地を与える」ともいう（村田2018　p.207）。ここでの専門家も保障する人や組織と置きかえて読むと、保障がどのようなもの

としてあるのが望ましいのかを考える際の手がかりになる。

《引用・参考文献》

石川准（2004）『見えないものと見えるもの——社交とアシストの障害学』医学書院

イリイチ，I.（1982／岩波現代文庫版 2006）『シャドウ・ワーク——生活のあり方を問う』（玉野井芳郎・栗原彬訳）岩波書店　Illich, Ivan. 1981 *Shadow Work*, Marion Boyars

大庭健（講談社現代新書版 2003／岩波現代文庫版 2009）『私はどうして私なのか』講談社／岩波書店

岡村達雄（1983）『教育のなかの国家——現代教育行政批判』勁草書房

熊谷晋一郎（2012）「インタビュー　自立は、依存先を増やすこと　希望は、絶望を分かち合うこと」　東京都人権啓発センター『人権情報誌　TOKYO 人権』56　https://www.tokyo-jinken.or.jp/publication/tj_56_interview.html（2020 年 11 月 30 日）

齋藤純一（2005）『自由（思考のフロンティア）』岩波書店

桜井啓太（2013）「第 13 章　『自立支援』による福祉の変容と課題」　桜井智恵子・広瀬義徳編『揺らぐ主体／問われる社会』インパクト出版会　pp.196-210

桜井啓太（2017）『〈自立支援〉の社会保障を問う——生活保護・最低賃金・ワーキングプア』法律文化社

桜井哲夫（1998）『〈自己責任〉とは何か』講談社

下司晶編（2015）『「甘え」と「自律」の教育学——ケア・道徳・関係性』世織書房

広瀬義徳・桜井啓太編（2020）『自立へ追い立てられる社会』インパクト出版会

宮本太郎（2009）『生活保障——排除しない社会へ』岩波書店

村田観弥（2018）『障害支援と関係の教育学——専門性の権力をめぐって』生活書院

ヤング，I．M．（2014）『正義への責任』（岡野八代・池田直子訳）岩波書店　Young, Iris Marion. 2011 *Responsibility for Justice*, Oxford University Press

おわりに

　本書の姉妹版である『〈わかちあい〉の共育学【基礎編】』を上梓した
あと、その「あとがき」に記していたように、この応用編刊行に向けて
準備を始めた。しかし当初の予定から半年遅れの出版となった。新型コ
ロナウイルス感染拡大の影響を受けて発出された緊急事態宣言により、
出版に向けた研究会が休止となったからである。そしてなによりもコロ
ナ禍のもと、大学の学びがオンライン授業になるなど状況が大きく変化
し、その対応に追われ、応用編に向けた研究会再開に時間を要したから
である。再開後に対面の研究会を数回実施したが、再び感染拡大とな
り、いまはオンラインで研究会をおこなっている。

　コロナ禍で学校が一斉休業になったのをきっかけに、学校のICT化
の遅れが指摘された。そして同様の事態が起きても、これからは学校の
学びを止めてはならぬと、コロナ禍以前からすでに議論が始まっていた
GIGAスクール構想の実現が一気に加速化した。子どもひとりに1台の
端末環境を用意し、「誰一人取り残すことのない、個別最適化された学
び」をめざすことになったのである。私たちも、オンライン研究会ができ
なければ本書の出版がさらに延期されていたであろうと思うと、学校
においてICT化がすすめられることのメリットもあながち否定するこ
とはできない。

　しかしICTを活用した教育では、視覚と聴覚による学びが中心とな
り、味覚、触覚、嗅覚を働かせる学びは不要となる。基礎編の「あとが
き」で、「人間について考えようとすれば、この世に生を受けたばかり
の赤子を想像してみるのがよい」と記した。赤ちゃんは、手あたり次第
にいろいろなものを口に含んでなめる。おもちゃをなめ、そのおもちゃ
が入っているかごをなめ、自分や自分を抱っこしてくれる人の手指をな
める。このようになめることにより、なめている感覚となめられている

感覚の違いを感受する。私たちにとって、なめるという行為は自他の区別をおこない、みずからが生きる世界を理解するための大切な営みである。

　ICT化は、みずからが生きる世界を理解するにあたり、味覚、触覚、嗅覚（対象から出たにおいを構成する粒子を受けとる広義の接触）という接触を必要とせず、視覚と聴覚という非接触の営みだけで学びを実現させようとする。なめるという行為をとおして生きる世界を理解してきた人間のありようとは、ずいぶん異なっている。もちろんICT化がすすめられなくても、なめるという行為はいつまでもつづくものではない。子どもは大きくなるにつれてその行為をおこなわずとも、みずからが生きる世界を理解できるようになるとされている。

　いまからおよそ10年前のことである。東日本大震災の直後にボランティアで現地に入った学生が戻ってきたので被災地の様子を尋ねた。学生は「津波による甚大な被害はテレビで映し出されている光景と同じです。ただテレビではにおいはわからないですけれど」と答えた。この瞬間、みることと聞くことに頼って被災地の様子を理解しようとしていた自分が打ちのめされると同時に、潮風にのって運ばれる腐敗臭や、土埃のざらつき、海水に浸かった地面のぬかるみを感じたような気がして、ゾクッとしたのを覚えている。

　この時に感じることのできたにおいや感触は、被災地に赴いた学生の何千分の一、いや何万分の一であろう。それでもそれを感じることができたことは幸いであった。わずかではあるが被災地の人と共にあることができた瞬間であったと思う。目の不自由な人は目以外の器官を、耳の不自由な人は耳以外の器官を最大限に活用しているといわれる。このようにとらえるならば、ICT化によって視覚と聴覚に頼る学びになってしまうという表現は不十分であり、目と耳に頼る学びが肥大化するという表現の方が適切であろう。学校におけるICT化が拙速にすすめられることにより、全身で他者の苦しみや哀しみを感受することをむずかし

くしてしまうのではないか。また目と耳という器官に頼る学びは、目や耳の不自由な子どもの学びに支障を生じさせないのか。

　子どもと共に未来図を描くというのは、全身で子どもと共にあると感受することであるように思う。

　最後に、本書の出版にあたり明石書店のご理解、ならびに明石書店編集部の柴村登治さんと編集協力者の小山光さんの細やかなお力添えがあったことをここに記し、感謝の意を表明する次第である。

2020 年 12 月　　執筆者一同

【著者プロフィール】

笹倉 千佳弘（ささくら　ちかひろ）
同志社大学文学部卒業後、公立高等学校に10年間勤務した後、関西大学大学院文学研究科に入学。同大学院修了後、夙川学院短期大学、就実短期大学を経て、現在、滋賀短期大学生活学科教授。主な著書に、『子どもを育てない親、親が育てない子ども──妊婦健診を受けなかった母親と子どもへの支援』（共編著、生活書院、2015年）、『虐待ゼロのまちの地域養護活動──施設で暮らす子どもの「子育ての社会化」と旧沢内村』（共編著、生活書院、2017年）、『〈わかちあい〉の共育学【基礎編】──教職課程コアカリキュラムに基づく教員養成テキスト』（共著、明石書店、2019年）ほか。

井上 寿美（いのうえ　ひさみ）
関西大学大学院文学研究科修了後、YMCAプレスクール講師、保健所の心理相談員などを経験する。関西福祉大学社会福祉学部、同大学発達教育学部勤務を経て、現在、大阪大谷大学教育学部教授。2012年度〜2015年度の4年間、兵庫県川西市子どもの人権オンブズパーソンを務める。主な著書に、『子どもを育てない親、親が育てない子ども──妊婦健診を受けなかった母親と子どもへの支援』（共編著、生活書院、2015年）、『虐待ゼロのまちの地域養護活動──施設で暮らす子どもの「子育ての社会化」と旧沢内村』（共編著、生活書院、2017年）、『〈わかちあい〉の共育学【基礎編】──教職課程コアカリキュラムに基づく教員養成テキスト』（共著、明石書店、2019年）ほか。

齋藤 尚志（さいとう　ひさし）
関西大学大学院文学研究科単位取得退学後、夜間中学・定時制高校・大学等の非常勤講師を経験し、夙川学院短期大学、小田原短期大学勤務を経て、現在、京都文教短期大学准教授。主な著書に、『揺らぐ主体／問われる社会』（共著、インパクト出版会、2013年）、『〈わかちあい〉の共育学【基礎編】──教職課程コアカリキュラムに基づく教員養成テキスト』（共著、明石書店、2019年）。

●イラスト　MIDORI

はじめて保育・教育を学ぶ人のために

〈わかちあい〉の共育学 【応用編】
── 子どもと共に未来図を描こう

2021年3月30日　初版第1刷発行

著　者	笹　倉　千佳弘
	井　上　寿　美
	齋　藤　尚　志
発行者	大　江　道　雅
発行所	株式会社 明石書店
〒101-0021	東京都千代田区外神田 6-9-5
	電　話　03（5818）1171
	ＦＡＸ　03（5818）1174
	振　替　00100-7-24505
	https://www.akashi.co.jp
装　丁	明石書店デザイン室
編集協力	小　山　光
印刷・製本	モリモト印刷株式会社

（定価はカバーに表示してあります）
ISBN978-4-7503-5190-2

はじめて保育・教育を学ぶ人のために

〈わかちあい〉の共育学

【基礎編】

教職課程コアカリキュラムに基づく教員養成テキスト

齋藤尚志、笹倉千佳弘、井上寿美 [著]

◎A5判／並製／224頁 ◎2,000円

2017年11月策定の「教職課程コアカリキュラム」に基づき教員養成をめぐる教職課程の変更が予定されている。教員として求められる資質・能力とは?——コアカリの内容をコンパクトにまとめ、その教育観や人間観を考察するとともに〈わかちあい〉を原理とする保育・教育学を提唱。

《内容構成》

第1章 教育の理念・歴史・思想
第2章 教職の意義および教員の役割・職務内容
第3章 教育制度・教育行政
第4章 子どもの発達と学習
第5章 特別の支援を必要とする子どもの理解と支援方法
第6章 教育課程の意義および編成の方法
第7章 道徳の理論と指導法
第8章 「総合的な学習の時間」の意義と指導法
第9章 特別活動の意義と指導法
第10章 教育の方法と技術
第11章 生徒指導およびキャリア教育(進路指導を含む)の理論と方法
第12章 幼児理解の理論と方法
第13章 教育相談の理論と方法

〈価格は本体価格です〉

前川喜平 教育のなかのマイノリティを語る

高校中退・夜間中学・外国につながる子ども・LGBT・沖縄の歴史教育

前川喜平、青砥恭、関本保孝、善元幸夫、金井景子、新城俊昭 著

■四六判／並製／276頁 ◎1500円

学校や教室で、マイノリティの子ども・生徒の生きづらさに共感し、どうかかわっていけばいいか。日本の学校文化のなかで見過ごされてきたマイノリティ問題にとりくんできた現場の教員と長く教育行政にかかわってきた元文科省幹部職員が現状の問題点とこれからの課題を縦横に語りあう。

● 内容構成 ●

シリーズ 子どもの貧困 全5巻

シリーズ編集代表 松本伊智朗

■A5判／並製 各2500円

子どもとかかわるすべての人に

子どもの貧困の再発見から10年。この10年間の政策・実践・研究を批判的に検討し、"子どもの貧困を議論する枠組み"を提供する。新・スタンダードの誕生!

① 生まれ、育つ基盤 子どもの貧困と家族・社会 松本伊智朗・湯澤直美 [編著]

② 遊び・育ち・経験 子どもの世界を守る 小西祐馬・川田学 [編著]

③ 教える・学ぶ 教育に何ができるか 佐々木宏・鳥山まどか [編著]

④ 大人になる・社会をつくる 若者の貧困と学校・労働・家族 杉田真衣・谷口由希子 [編著]

⑤ 支える・つながる 地域・自治体・国の役割と社会保障 山野良一・湯澤直美 [編著]

〈価格は本体価格です〉